10대를 위한
공짜
경제학

일러두기

원서에 수록된 일본 기업의 사례 중 일부는 한국 독자의 이해를
돕기 위해 한국 기업의 사례로 바꾸었습니다.

무료 상품으로 공룡기업을
세우는 경제의 원리
10대를 위한 경제 톡톡 ❸
Tesla
Apple
Amazon
Economics
Meta
Bitcoin
Ai
10대를 위한 공짜 경제학
마츠모토 겐타로 지음 | 김지예 옮김
10대도 디지털 기기로 큰 가치를 창출할 수 있다!
"당신이 내는 돈은 가격이지만, 돈을 내고 얻는 것은 가치입니다."
- 워런 버핏 -
동아엠앤비

차례

3부 · 시장이란 무엇일까? 구매욕은 왜 생길까?

학교에서 가르쳐 주지 않는
사회 구조

안녕하세요. 마츠모토 겐타로입니다. 저는 물건이나 서비스를 판매하는 프로세스를 고안하는 마케팅이라는 일을 하면서 비즈니스 도서를 집필하는 작가이기도 합니다.

여러분의 스마트폰에는 어떤 애플리케이션(이하 앱)이 설치되어 있나요? SNS, 게임·쇼핑몰·이미지 보정 앱 등등 아주 많은 앱이 설치되어 있을 것입니다. 그중 유료 앱도 있지만 무료 앱이 대부분입니다.

어떻게 우리는 수많은 스마트폰 앱을 무료로 사용할 수 있을까요? 사용자를 위해 앱 제작사가 손해를 감수하고 있는 것일까요? 그럴 리 없습니다. 예를 들어 X(옛 트위터)나 틱톡을 운영하는 기업들은 연간 수십, 수백조 원의 매출을 올리고 있습니다. 우리는 스마트폰 앱을 무료로 사용하는데, 앱을 운영하는 기업은 수익을 내고 있습니다. 대체 누가 어떤 이유로 우리 대신 비용을 지불하고 있는 것일까요?

이 질문에 답하기 위해서는 '사회 구조'를 알아야만 합니다. 정

10대를 위한 공짜 경제학

확하게는 세상을 움직이고 있는 어른들의 생각을 알 필요가 있습니다. 여기서 말하는 어른이란 특권 계층이나 상위층이 아니며, 여러분 주변에 있는 평범한 직장인을 의미합니다. 이런 평범한 사람들이 사회 구조를 구성하고 있습니다. 사회 구조를 모르면 어떻게 될까요? 어른들에게 유리하게끔 설득당해 손해를 보면서 평생을 살아가게 됩니다. 심한 표현을 빌리면 '착취당해서 호구가 되는 인생'을 보내게 됩니다.

사실 저 역시 이 사회 구조를 몰라서 여러 번 손해를 본 적이 있습니다. 믿기 어렵겠지만 제가 14세였을 때인 1998년 무렵 일본에는 인터넷을 사용하는 사람은 '오타쿠'라는 인식이 있었습니다. 당시 저는 인터넷을 통해 다양한 어른들을 알게 되었습니다. 그중에는 잘 모르는 물건을 고가에 팔아넘기려고 하는 나쁜 어른도 있었습니다. 지금처럼 SNS가 존재하던 시절이 아니기 때문에 '이거 진짜야? 사기 아니야?'라는 생각이 들어도 정보를 얻기가 쉽지 않았습니다. 소년이었던 저는 몇 번이나 속아 넘어갔습니다.

그래서 "사회 구조를 알아야 해!"라고 부모님께 혼난 기억이 있습니다. 그럴 때마다 저는 '학교에서 이런 걸 알려줬어야지!' 하고 속으로만 화를 냈을 뿐 적극적으로 배우려고 하지 않았습니다. 결과적으로 고등학교 입시, 대학 수능 시험, 취직, 이직 등 인생의 커다란 전환점을 맞이할 때마다 사회 구조를 몰라서 손해를 봤습니다. "이럴 수가! 당했네!"라고 탄식한 적이 한두 번이 아닙니다.

어른이 된다고 자연스레 현명해지는 것은 아닙니다. 나이가 몇

이든 간에 세상 물정을 모르는 사람은 바보 취급을 받습니다. 머리가 좋거나 명문대를 나오는 것과는 상관이 없습니다. 사회 구조를 모르는 사람은 누군가의 먹잇감이 되어 버리고 맙니다.

그렇다면 사회 구조란 무엇일까요? "우리가 무엇에 왜 비용을 지불하는가?" "우리는 어떤 점을 가치 있다고 느끼는가?"를 의미합니다. 이것을 경제 또는 마케팅이라고 표현하는 사람도 있습니다. 다시 말해 사회 구조란 돈을 사용하는 방법을 응축한 표현입니다. 여러분은 아래와 같은 경험을 한 적이 없나요?

- 1,000원짜리 볼펜은 비싸다고 느껴 사지 않았지만 10만 원짜리 콘서트 티켓은 저렴하다고 생각해 바로 결제했다.
- 무료라서 시작한 스마트폰 게임인데 어느 사이에 엄청나게 '현질'을 해 버렸다.
- 딱히 가지고 싶은 것도 아니었는데 한정 판매하는 상품이라서 충동적으로 사 버렸다.

돈과 관련된 이와 같은 경험들도 사회 구조를 알고 있다면 설명할 수 있습니다. 우리는 돈을 사용하는 방법을 잘 모릅니다. 무료 앱을 사용할 수 있는 이유는 무엇일까요? 그리고 왜 무심코 현질을 해 버리는 것일까요.

이 책에서는 "스마트폰 앱은 왜 무료로 사용할 수 있는 걸까?"라는 질문을 통해 사회 구조와 돈을 사용하는 방법에 대해 설명할 것입니다. 중고등학생 때부터 이 점을 알아 둔다면 저처럼 실패하거나 어른과 사회에 착취당하는 일 없이 자력으로 삶을 헤쳐 나갈 수 있을 것입니다.

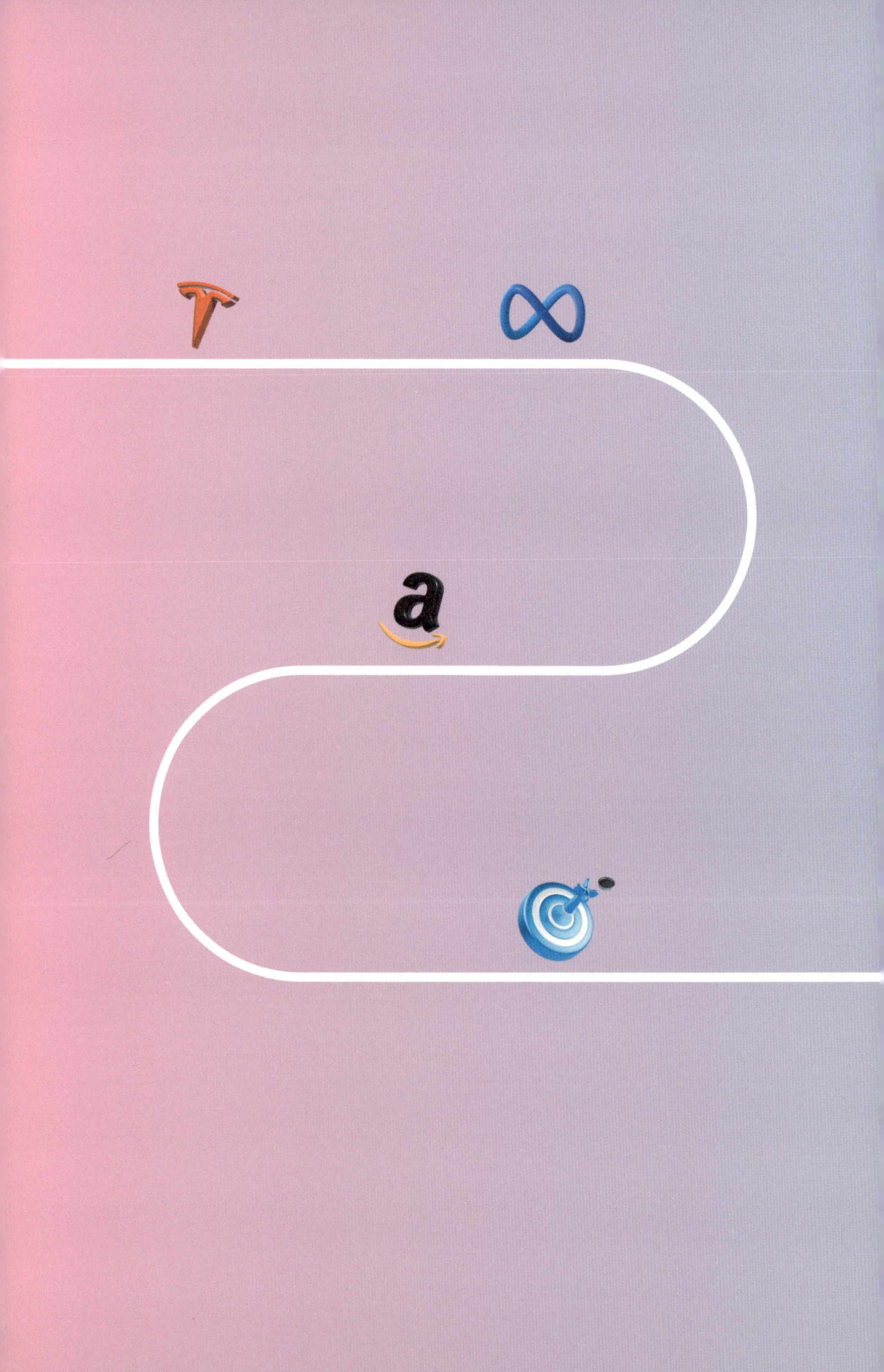

스마트폰 앱은 왜 대부분 무료일까?

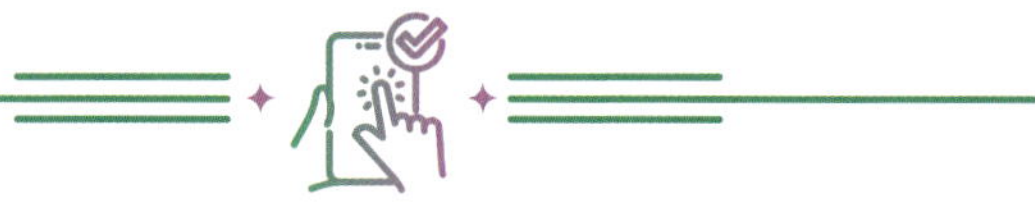

◆ 비용 지불 없이 사용할 수 있는 무료 서비스

음식이든 옷이든 라이브 공연 티켓이든 가게나 전자상거래 (e-commerce, EC)[1] 사이트에서 무언가를 구매하려면 반드시 비용을 지불해야 합니다. 기본적으로 '당연히 유료로 제공되는' 것이기 때문입니다.

학생인 여러분은 자신이 원하는 것을 가지고 싶을 때 어떻게 하나요? 지금까지 모아 온 용돈이나 세뱃돈을 사용하는 경우도 있을 것입니다. 또는 부모님을 설득해서 부모님이 비용을 내 주시는 경우도 있겠지요. 적극적으로 집안일을 도와서 용돈을 벌고 있을지도 모릅니다. 어느 경우든 간에 원하는 것을 손에 넣기 위해서는 당연히 돈이 필요하다는 생각을 할 것입니다.

하지만 세상에는 비용을 지불하지 않고도 사용할 수 있는 상품이나 서비스가 존재합니다. 텔레비전이나 라디오가 그 대표적

1　전자상거래(e-commerce, EC): 개인이나 기업이 온라인에서 제품이나 서비스를 사고파는 것.

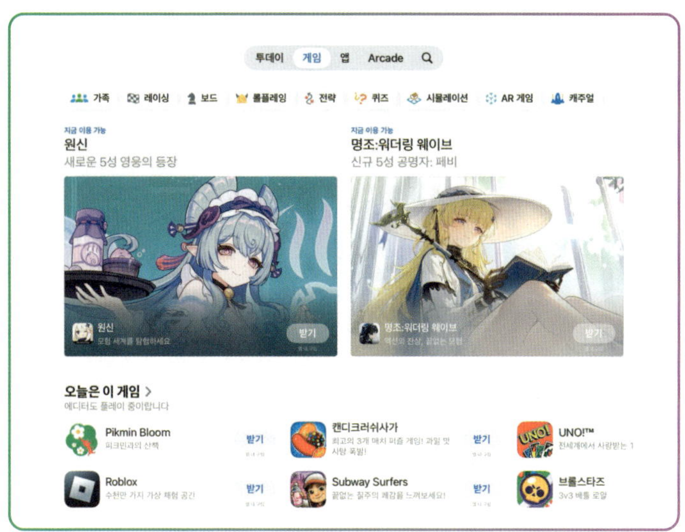

스마트폰을 이용해 다양한 게임을 무료로 즐기는 것이 가능하다.

인 예일 것입니다. 공영방송 같은 유료 방송을 제외하고 시청하거나 청취할 수 있는 기기가 있다면 공짜로 즐길 수 있습니다. 특정 앱을 다운로드하면 스마트폰으로도 즐길 수 있습니다.

여러분이 사용하고 있는 SNS도 마찬가지입니다. X나 틱톡, 인스타그램, 유튜브 같은 서비스도 기본적으로는 무료로 사용할 수 있습니다. 그리고 학생들에게 인기가 있는 웹툰이나 게임 앱 역시 무료로 이용할 수 있습니다. 예를 들어 네이버나 카카오에서 제공하는 앱으로 인기 웹툰들을 무료로 읽는 것도 가능합니다. 기본이 무료인 게임들도 많습니다. 그런데 여기서 한 가지 궁금거리가 생깁니다.

◆ 무료인데 억 단위 매출? 누가 돈을 낼까?

어떤 것을 사용하려면 돈을 내는 것이 당연할 텐데, 왜 무료 서비스가 존재하는 것일까요? 왜 우리는 비용을 내지 않고 무료로 서비스를 이용할 수 있는 것일까요? 예를 들어 유튜브는 알파벳, 틱톡은 바이트댄스, 인스타그램은 메타 같은 식으로 각 앱은 저마다 서비스를 제공하는 기업이 있습니다.

방금 언급한 기업들은 하나같이 거대한 규모를 자랑하는 기업입니다. 대기업이 고객 최우선 주의나 노블레스 오블리주(noblesse oblige)[2]의 마음으로 "이용료는 저희가 지불하겠으니 고객 여러분께서는 사용하시기만 하면 됩니다."라며 공짜로 서비스를 제공하

◎ 대기업이 미술관을 비영리로 운영하거나 불우이웃돕기를 하는 행위가 노블레스 오블리주에 해당한다.

© 호암미술관

---

2 노블레스 오블리주(noblesse oblige): 기득권층의 사회적 지위에 상응하는 도덕적 의무..

기업명	주요 서비스	매출
바이트댄스	틱톡	1,100억 달러 (약 158조 2,790억 원)
알파벳	구글 유튜브	3,070억 달러 (약 441조 7,423억 원)
메타	인스타그램 페이스북	1,349억 달러 (약 194조 941억 원)

※ 2023년 기준

고 있는 것일까요?

설마 그럴 리가요. 기업의 사명은 이익 창출입니다. 모든 기업은 비즈니스를 하는 것이지 자원봉사 활동을 하고 있는 것이 아니기 때문입니다.

위 표를 한 번 보시기 바랍니다. 우리가 무료로 이용하고 있는 서비스를 제공하는 기업들은 무려 수백조 원에 이르는 막대한 매출을 올리고 있습니다. 덧붙여 말하자면 2024년 대한민국 정부에서 거둬들인 국세 수입은 336조 5,000억 원이었습니다. 알파벳 같은 기업은 한 국가의 세금보다도 많은 매출을 올리고 있는 것입니다. 하지만 우리는 그런 앱을 무료로 사용하고 있습니다. 그렇다면 앱을 무료로 제공하는 기업들은 대체 어떻게 돈을 벌고 있는 것일까요? 대체 누가 우리 대신 돈을 지불하고 있을까요?

무료 앱을 놀이공원에 비유해 생각해 봅시다. 여러분이 놀이공원 입장 비용을 지불하려 하는데, 낯선 사람이 갑자기 다가와서 "놀이공원에서 노는 비용은 저희가 대신 지불하겠습니다. 그냥 공짜로 놀기만 하시면 됩니다."라고 말하는 것과 같은 상황인 것입니다. 왜 그런 제안을 하는지 이유도 모르겠고, 정체를 알 수 없는 사람이어서 미심쩍은 생각이 들겠지요.

이럴 때는 '나 대신 비용을 지불하는 사람에게는 어떤 이득이 있는 걸까?'라고 생각해 봅시다. 그 사람은 자비심이 넘쳐 비용을 대신 내 주는 게 아닙니다. 어떠한 이득이 있기 때문에 비용을 지불하는 것입니다. 이를 한마디로 "비즈니스 모델로 수익을 창출하고 있다."라고 표현할 수 있습니다.

◆ '비즈니스 = 돈을 번다'가 아니라고?

비즈니스 모델에 대해 구체적으로 다루기 전에 "애초에 비즈니스란 무엇일까?"라는 의문을 가지고 있을지도 모르겠습니다.

비즈니스란 한마디로 말하자면 상업, 장사, 사업 등을 의미합니다. 하지만 이런 설명을 듣더라도 여러분은 아직 일을 해 본 경험이 없기 때문에 두루뭉술하고 추상적으로 느껴질지 모릅니다. 어쩌면 '비즈니스는 돈을 버는 거잖아'라고 생각할지도 모르겠습니다. 일부는 맞습니다. 다만 비즈니스는 돈을 버는 것만 의미하지는 않습니다.

저는 중고등학교 내내 '아싸[3]'였으며, 전형적인 청춘 같은 일상을 보내던 학생은 아니었습니다. 그래서 고등학생 때 주변 어른들에게 "한창 젊을 때라 부럽구나."라는 말을 들어도 와닿지 않았습니다. '보통 고등학생들이라면 청춘이겠지만 나는 그렇지 않아…'라고 생각했습니다. '비즈니스=돈을 버는 것'이라고 정의 내린다면 마치 10대 여러분의 학창 생활을 '10대의 학창 시절=청춘'이라고 뭉뚱그려 말하는 것과도 같을 것입니다.

물론 비즈니스에 돈을 버는 것을 빼놓을 수는 없지만, 그것만이 아닙니다. 그렇다면 비즈니스란 구체적으로 무엇을 의미할까요? 교과서적인 표현으로 말하자면 비즈니스의 요소는 크게 네 가지로 나눌 수 있습니다.

① 누군가에게
② 특정한 가치를
③ 어딘가에서 조달, 창조, 제공해서
④ 수익(이익)을 내는 것

항목 ④만 보면 비즈니스는 '돈을 버는 것'이 됩니다. 하지만 실은 누군가에게 특정한 가치를 어딘가에서 조달, 창조, 제공해 수익을 창출한다는 네 가지 요소가 모두 갖추어져야만 합니다. 기본적으로는 ①에서 ④ 중 어느 한 요소라도 갖추어지지 않으면 비즈니스라고 말할 수 없습니다.

---

3 아싸: 아웃사이더를 줄인 말. 성격이 어둡고 소심하며 조용해 반 내에서 눈에 띄지 않는 유형을 가리킨다.

◆ 구매를 결정하는 가치란?

비즈니스가 무엇인지 구체적으로 살펴볼 때, 몇 가지 어려운 표현이 등장했습니다. 그중에서도 비즈니스의 두 번째 요소인 '특정한 가치'가 무슨 의미인지 모르겠다는 생각이 들 수도 있습니다. 애초에 가치란 무엇이며, 가치가 있다는 건 무슨 뜻일까요? 가치에 대해서는 어른들도 잘 모르는 경우가 많기 때문에 구체적으로 설명해 보겠습니다.

1부의 서두에서 음식이든 옷이든 공연 티켓이든 무엇인가를 구매하려면 반드시 비용을 지불해야 한다는 이야기를 했습니다. 그러면 관점을 조금 바꿔 질문해 보겠습니다. 여러분은 왜 돈을 내서 그 상품이나 서비스를 구매하려고 하나요? 편의점이나 마트에서 음료수를 살 때를 떠올려 보시기 바랍니다. 돈을 충분히 가지고 있더라도 구매하지 않는 상품이나 서비스가 있습니다. 왜 어떤 상품이나 서비스는 사기로 하고, 다른 상품이나 서비스는 구매하지 않기로 결정하는 것일까요? 표현을 바꾸어 보자면 여러분이 비용을 지불한 상품이나 서비스와, 비용을 지불하지 않은 상품이나 서비스의 차이는 무엇일까요?

여러분이 구매한 상품이나 서비스는 돈이라는 대가를 지불하고서라도 손에 넣고 싶다고 생각한 것입니다. 반대로 구매하지 않은 상품은 여러분이 필요하다는 생각이 들지 않기 때문에 돈을 쓰지 않은 것입니다. 이 행위 자체가 가치가 있는지 없는지를 단적으로 표현하고 있습니다. 다시 말해 나에게 필요하거나 좋은

   10대를 위한 공짜 경제학

○ 유명 인스타그램 인플루언서의 체험기는 팔로워들에게 큰 영향을 미친다.

것, 더 나아가서 내 욕망을 불러일으키는 것은 가치가 있습니다.

욕망이란 꼭 갖고 싶다는 강렬한 감정만 의미하지는 않습니다. "더 예뻐지고 싶어!" "이 머리 색깔이 나랑 어울릴까?" "이 보조제를 먹으면 근육이 잘 붙는다던데." "인플루언서들 인스타라이브[4]를 보니까 요즘은 ○○이 유행인 것 같아." "그걸 가지고 사진을 찍으면 인스타 감성으로 사진을 찍을 수 있지 않을까?" 등등의 동경이나 바람, 희망, 야망도 욕망의 일종입니다. 좋을 것 같아, 좋을 수도 있겠다, ~하고 싶어, ~해 볼까처럼 욕망을 불러일으키는 것들이 여러분이 생각하는 가치입니다.

---

4 인스타라이브: 인스타그램 앱 내에서 진행하는 생방송.

가치는 형태가 있는 물체에만 국한되지 않습니다. 무형의 가치도 존재합니다. 예를 들어 친구와 이야기를 하거나 함께 노는 시간이 여러분에게는 무엇보다 소중하다고 생각해 봅시다. 여러분에게 만약 10대 학생만 사용할 수 있는 1박 2일 여행권이 제공된다면 어떻게 할 건가요? 보통 미성년자끼리는 숙박을 할 수 없기 때문에 10대 학생인 여러분에게는 이 제안이 대단히 매력적으로 느껴지겠지요.

한편 어른만 사용할 수 있는 1박 2일 여행권이라면 어떨까요? 당연하게도 그러한 서비스는 여러분에게 학생을 위한 여행권만큼 가치가 있지는 않을 것입니다. 여기서 이야기하고 싶은 점은 하나입니다. 모든 사람에게 매력적일 필요는 없습니다. 하지만 어떤 사람들의 욕망을 불러일으킬 수 있는 것. 그것이야말로 '가치'입니다.

◆ 비즈니스 모델이란 무엇일까?

그렇다면 비즈니스 모델이란 구체적으로 무엇을 의미하는지 먼저 표현을 분석하면서 생각해 봅시다.

비즈니스란 상업, 장사, 사업 등을 의미한다고 앞에서 설명했습니다. 알기 쉽게 표현하면, 사람의 욕망을 불러일으킬 수 있는 것을 만든다는 의미입니다. 한편 모델이란 모형 또는 구조를 가리킵니다. 다시 말해 비즈니스 모델이란 사업 구조, 사람들의 욕망

 　　　　　　　　　　　　　　10대를 위한 공짜 경제학

을 불러일으킬 수 있는 것을 만드는 구조를 의미합니다.

학교생활이나 일상생활을 예로 들어 생각해 보겠습니다. 여러분은 시험 직전에 지식을 머릿속에 최대한 집어넣어서 어떻게든 시험을 치는 타입인가요? 아니면 평소에 성실하게 조금씩 공부해서 차근히 배우는 타입인가요? 전자는 벼락치기형 또는 단기 집중형, 후자는 꾸준한 노력형이라고 부르기도 하는데, 이러한 분류도 모델의 한 종류입니다. 대단히 포괄적으로 분류하는, 아침형 인간과 저녁형 인간이나 MBTI 구분도 마찬가지입니다. 이러한 분류 방식은 어느 한쪽이 더 좋거나 나쁘다는 의미가 아닙니다. 중요한 점은 이 모델이 "나에게 적합한가?"의 여부입니다. 일상생활을 하면서 기분 좋게 매일을 보낼 수 있다면 그 스타일이나 유형이 여러분에게 적합한 모델이라고 할 수 있습니다.

이 점은 비즈니스에서도 마찬가지입니다. 비즈니스는 ① 누군가에게 ② 특정한 가치를 ③ 어딘가에서 조달, 창조, 제공해서 ④ 수익(이익)을 내는 것이라고 설명했습니다. 그리고 ①부터 ④까지의 다양한 변수를 조합한 것이 바로 비즈니스 모델입니다. "이 방식이라면 원활하게 누군가의 욕망을 불러일으킬 만한 물건을 만들 수 있을 것 같다."거나 "이 방식이라면 누군가가 사고 싶다고 생각할 가치를 제공하기는 어려울 것 같다."처럼, 비즈니스 모델은 기업이 비즈니스를 할 때의 구조를 가리키는 표현입니다.

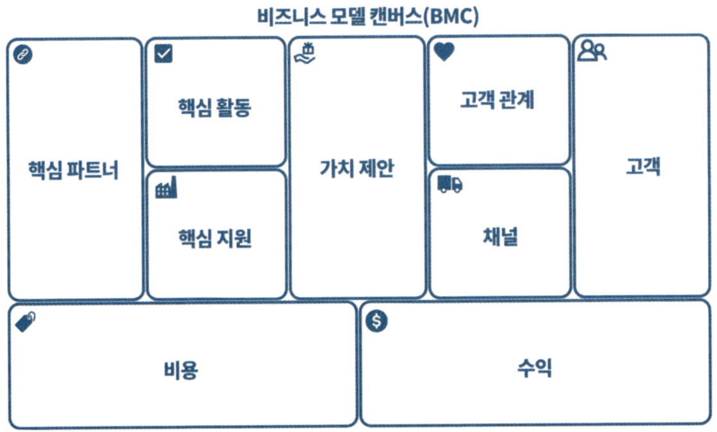

❍ 비즈니스 모델 캔버스(BMC)는 비즈니스에 포함되어야 하는 9가지 사업 요소를 한눈에 볼 수 있게 만든 그래픽 템플릿이다.

◆ 무료 서비스를 운용하기 위한 세 가지 구조

앞서 무료 앱이 비즈니스 모델로 수익을 창출한다고 말했습니다. 이제 무료 서비스의 비즈니스 모델 구조를 함께 살펴보도록 하겠습니다.

나대신 누군가가 돈을 지불해 주는 비즈니스 모델. 이를 비즈니스 정의에 대입해 보면 그 구조를 연상할 수 있습니다. 틱톡을 예로 들어 생각해 봅시다.

① 누군가에게 → 나에게

② 특정한 가치를 → 자신이 즐기고 있는 순간을 공유해서 자신의 승인 욕구를 충족하는 가치를

10대를 위한 공짜 경제학

③ 어딘가에서 조달, 창조, 제공해 → ②를 실현하는 소프트웨어를 제공해

④ 수익을 낸다 → 사람들이 동영상이나 사진을 업로드하는 곳에 광고를 표시하는 자리를 만들고, 광고를 게재하는 기업들로부터 돈을 받는다. 틱톡을 운영하는 바이트댄스는 그렇게 수익을 내고 있다.

정리해 보면 틱톡의 비즈니스 모델은 많은 사람이 모이는 장소에 광고를 게재하려는 제삼자에게 틱톡이 광고료를 받는 구조이며, 이를 '제삼자 모델'이라고 합니다. 나 대신 누군가가 돈을 지불하는 방식에는 제삼자 모델 이외에도 '판매형 수익 모델'이나 '프리미엄(free-mium)[5] 모델' 등이 있습니다.

판매형 수익 모델은 서비스의 일부를 기업이 부담해서 무료로 제공하는 것으로, 기업 비즈니스를 유리하게 운영하기 위한 비즈니스 모델입니다. 예를 들어 일본의 경우, 2개월 동안 데이터 무제한 등의 홍보를 하는 휴대폰 회사의 요금제가 바로 여기에 해당합니다. 마트 식품 코너에서 무료로 시식을 제공하는 것도 마찬가지입니다. 판매형 수익 모델의 무료 서비스는 일종의 '호객 판다[6]'라고도 합니다.

---

5 프리미엄: 부분 유료화. '무료(free)'와 '프리미엄(premium)'을 결합해 만든 단어.
6 호객 판다: 동물원에서 판다가 인기를 끄는 것처럼 사람들의 주목이나 관심을 모으기 위해 이용하는 것을 가리킨다.

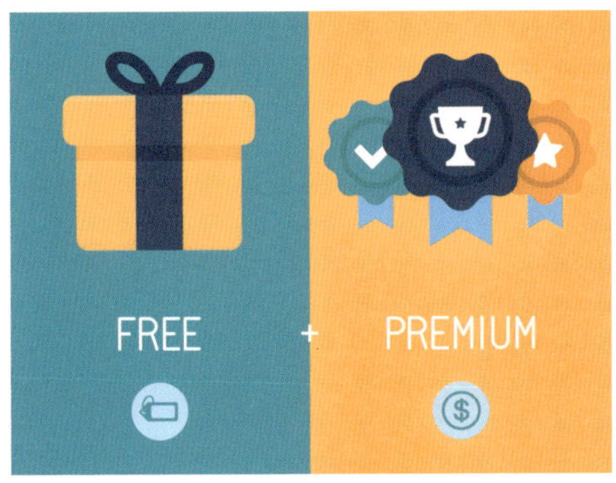

○ 기본적인 서비스와 제품은 무료로 제공하고, 고급 기능과 특수 기능에 대해서는 요금을 부과하는 프리미엄 비즈니스 모델.

프리미엄 모델은 기본적으로는 무료로 서비스를 제공하지만, 해당 서비스를 이용하는 일부 사용자에게서 요금을 받는 비즈니스 모델을 의미합니다. 100명의 사용자가 있고 그중 95명은 무료로 사용을 하지만 5명은 유료로 서비스를 사용하는 패턴입니다.

예를 들어 카카오웹툰은 프리미엄 비즈니스 모델입니다. 앱을 사용해서 무료로 읽을 수 있는 만화도 있지만, 비용을 지불해야만 읽을 수 있는 만화도 있습니다. 기본적으로는 무료로 이용이 가능하지만 그럼에도 불구하고 돈을 지불하는 서비스를 이용하는 사용자도 있는 이유는 그만큼 매력적인 상품과 서비스를 제공하고 있기 때문입니다.

잠시 틱톡 이야기로 돌아가서 설명하자면, 틱톡의 비즈니스 모델에는 이용자들의 '후원 기능'도 포함되어 있습니다. 이용자들이 후원을 하면, 동영상을 업로드한 사람과 운영 기업인 바이트

10대를 위한 공짜 경제학

댄스 측에 각각 수익이 분배
되는 구조입니다. 그런 의미
에서 틱톡의 비즈니스 모델
에는 제삼자 모델과 프리미엄
이 모두 적용되어 있습니다.

어느 경우든, 나 대신 누
군가가 비용을 지불하는 구
조로 성립된 비즈니스 모델은
대부분 제삼자 모델과 판매

프리미엄 비즈니스 모델은 미국의 벤처
투자자 프레드 윌슨에 의해 2006년 확립되
었다.

형 수익 모델, 프리미엄 모델의 세 가지로 나눌 수 있습니다. 그리
고 기업은 이 셋 중 어느 한 가지 방식 혹은 두세 가지 방식을 모
두 적용해 무료로 사용할 수 있는 서비스를 제공합니다.

◆ 모두를 만족시키는 비즈니스 모델 찾기

비즈니스 모델을 살펴보니 무료로 사용할 수 있는 서비스가
수상한 방식으로 운영되지 않는다는 점을 확인할 수 있었습니다.
오히려 대단히 잘 짜인 구조임을 알 수 있습니다. 무료 서비스를
이용하는 우리는 무료로 좋은 서비스를 이용할 수 있어서 좋다고
느낍니다. 돈을 지불하고 있는 기업은 많은 사람에게 광고를 할 수
있어서 좋다, 많은 사용자가 서비스를 이용하고 있기 때문에 비용
을 지불한 보람이 있다고 생각합니다. 돈을 낸 사용자들은 더 좋

은 서비스를 이용할 수 있어서 좋았다고 느낍니다. 이러한 시스템을 만들고 서비스를 제공하는 기업 입장에서도 시스템으로 이익을 창출해서 다행이라고 생각합니다. 관련된 모두가 '좋았다'고 느낄 수 있는 구조입니다. 다만 모두가 만족할 수 있는 시스템을 만들기란 쉽지 않습니다. 사실 대단히 어렵다는 점을 여러분이 알아 두셨으면 합니다.

그 증거로 삼자 모두가 '윈윈(win-win)[7]'할 수 있는 시스템을 만들지 못한 기업들은 일찌감치 상품이나 서비스를 철수했습니다. 지금은 무료로 사용하고 있을지 모르지만 삼자가 윈윈할 수 없는 서비스는 언젠가는 무료로 이용할 수 없게 되거나, 서비스 자체를

---

7 윈윈(win-win): 나와 상대방 모두 이긴다는 의미. 쌍방 모두에게 이득이 있으며, 좋은 관계를 구축하고 있는 상태를 가리킨다.

10대를 위한 공짜 경제학

종료하게 됩니다. 예를 들어 X는 거액의 적자를 안고 있어서 한동안 모든 사용자가 SNS 이용료를 결제하는 방식도 고민했다고 합니다.

사용자가 만족하지 못하면 적자가 납니다. 사용자가 만족했다 하더라도 사용자 대신 비용을 지불해 줄 기업이 등장하지 않거나, 기업이 만족하지 못하면 이 경우에도 적자가 됩니다. 그렇게 생각해 보면 무료로 앱을 사용할 수 있다는 것 자체가 기적에 가까운 확률이라는 생각이 들지 않나요? 사실 기업 입장에서는 사용자가 직접 비용을 지불하는 비즈니스 모델이 훨씬 운영하기 수월합니다.

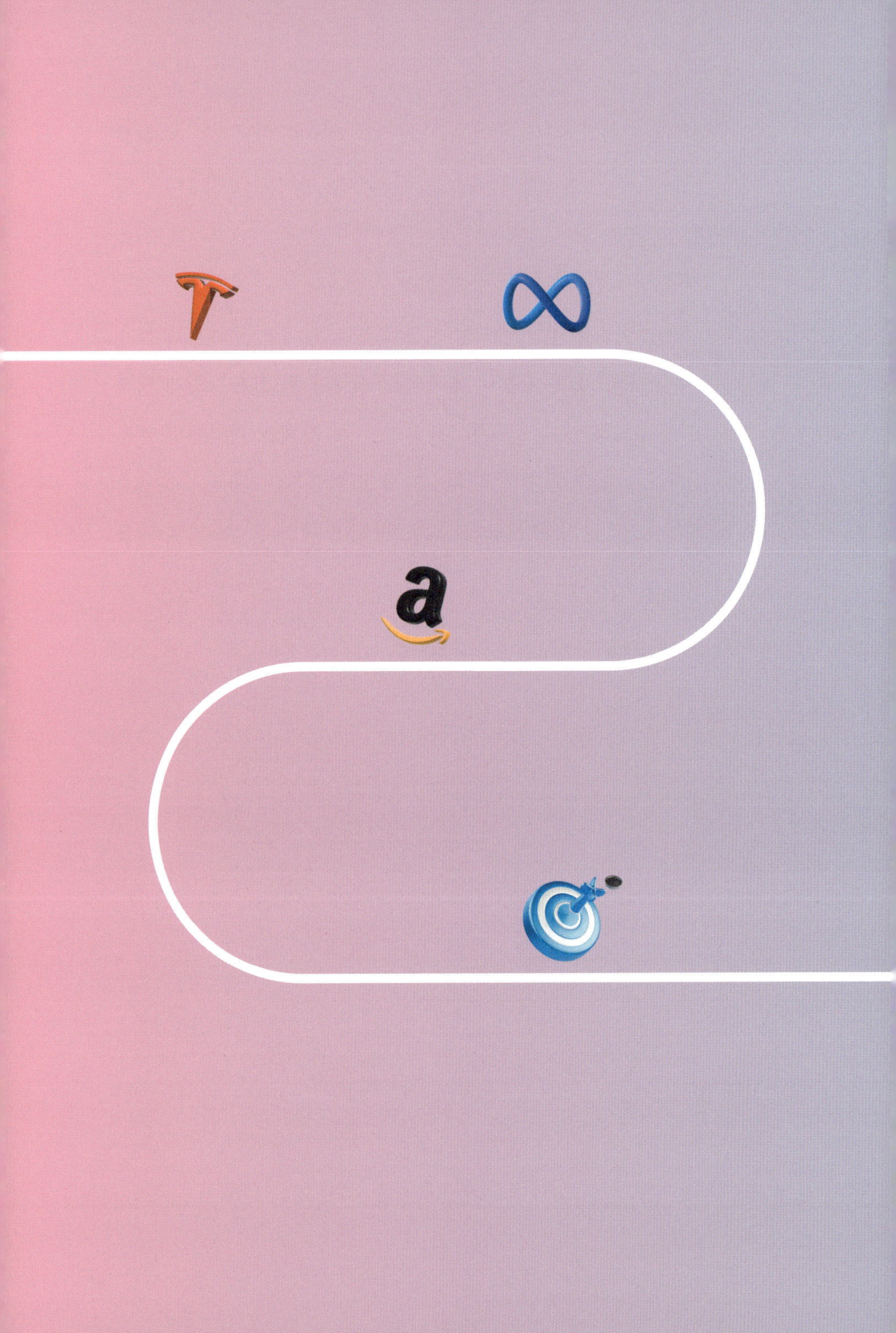

가치란 무엇일까?
가격은 어떻게
정해질까?

◆ 10만 원짜리 콜라는 비싸다? 싸다?

뜬금없는 질문이지만 1,000원짜리 콜라에 대해 어떤 생각이 드시나요? 편의점에서 콜라를 사는 경우라면 적당하다고 느낄 수도 있습니다. 하지만 쿠팡이나 지마켓 같은 온라인 쇼핑몰에서 사는 경우라면 대부분 비싸다고 느낄 것입니다. 그러면 10만 원짜리 콜라는 어떨까요? 너무 비싸, 절대 안 사겠다고 생각할 것입니다. 1,000원의 100배 가격이니까요.

하지만 '최애' 연예인과 같이 마시는 콜라가 10만 원이라면 어떨까요? 사람마다 다르겠지만 '엄청 싸잖아!'라고 느끼는 사람도 있을 것입니다. 필자 또한 최애 유튜버와 한 시간 동안 콜라를 마시며 대화를 할 수 있다면 주저 없이 10만 원을 지불할 것입니다. 물론 아무리 연예인과 마신다고 하더라도 10만 원은 너무 비싸다고 생각하는 사람도 있겠지요. 다시 말해 가격에는 1,000원이니까 싸다, 10만 원이니까 비싸다라는 절대적인 기준이 존재하지 않는다는 것입니다.

◆ 싸다, 비싸다는 어떻게 정해질까?

가격에 절대적인 기준이 없다면 우리가 평소 물건이나 서비스를 구매할 때 겪는 '싸다' '비싸다' '가성비[8]가 좋다' '시성비[9]가 나쁘다' 등의 느낌은 어떻게 생기는 것일까요?

그중 하나로는 상대적인 느낌이 있습니다. 예를 들어 1,000원짜리 콜라를 접할 때 여러분은 우선, 콜라는 보통 얼마인지를 생각할 것입니다. 그다음 쿠팡에서는 보통 1,000원 아래이고, 편의점에서는 1,000원 정도라고 생각한 다음, 1,000원은 좀 비싸다, 혹은 1,000원이면 보통이다, 라고 판단하지 않나요?

○ 한국에서도 2007년도에 당시 인기 그룹이었던 '원더걸스'와의 저녁식사 경매가 무려 550만 원에 낙찰된 바 있다.

중학생이 보통 백화점에서 화장품을 사지는 않겠지만 '백화점에서 판매하는 3만 원짜리 화장품'이라는 말에 대해 대부분의 어른들은 3만 원이라니 저렴하네, 3만 원이라면 솔깃한데라고 호의

---

8 가성비: 가격 대비 성능을 줄인 말. 들인 비용 대비 얻은 효과를 의미한다. 비용 대비 효과라고도 한다.

9 시성비: 타임 퍼포먼스(Time performance). 시간 대비 성능을 줄인 말. 걸린 시간 대비 얻은 효과를 의미한다. 효율이 좋은 정도를 나타낸다.

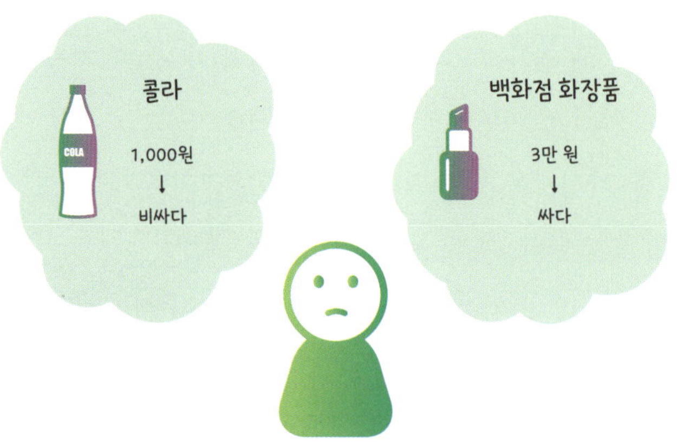

적인 반응을 보입니다. 그 이유는 마음속에 백화점에서 판매하는 화장품은 보통 10만 원 정도이고 저렴한 것도 5만 원, 비싼 럭셔리 제품은 100만 원까지도 하니까, 하는 체감 가격[10]이 있기 때문입니다.

단순히 가격만 놓고 비교하면 1,000원과 3만 원이기 때문에 분명히 1,000원짜리 콜라가 더 저렴합니다. 하지만 사람들은 1,000원짜리 콜라보다는 3만 원짜리 백화점 화장품을 샀을 때 더 이득이라고 느낍니다. 콜라는 싸게 사도 800원 정도지만 백화점 화장품은 저렴한 것도 5만 원대고, 보통 10만 원 정도라는 체감 가격을 머릿속에 떠올리니까요.

---

10 체감 가격: 상품이나 서비스가 거래되는 가격에 대해 싸다, 비싸다라고 느끼는 감각.

10대를 위한 공짜 경제학

다시 말해 사람들은 상품이나 서비스 가격을 고려할 때 액면 가뿐만 아니라 체감 가격과 비교해 상대적으로 싼지, 비싼지 판단합니다.

그리고 가격이 싸거나 비싸다고 느끼는 것은 또 다른 요인인 주관적인 느낌에도 좌우됩니다. 앞서 언급했듯이 좋아하는 연예인과 함께 마시는 10만 원짜리 콜라라면 어떤 사람은 저렴하게 느낄 수 있습니다. 하지만 다른 사람은 비싸다거나 10만 원을 지불할 가치가 없다고 생각하기도 합니다.

"당신은 (가치가 없어서) 비싸다고 느낄지 모르지만 나는 (가치가 있기 때문에) 싸다고 느낀다." "당신은 (가치가 있어서) 싸다고 생각할 수 있지만 나는 (가치가 없어서) 비싸다고 느낀다." 이와 같은 주관적인 감각 역시 가격을 비싸거나 싸게 느끼는 데 큰 영향을 미칩니다.

그렇다면 싸다, 비싸다는 감각이 상대적이고 주관적이라는 점을 기억하면서 무료 서비스에 대해서 생각해 봅시다. 여러분 마음속에 일반적인 체감 가격이 형성되어 있지 않거나, 나한테는 필요 없는 것이라면 무료라 해도 그다지 고맙다는 생각이 들지 않을 것입니다.

하지만 만약 '원래는 이걸 사용하려면 한 달에 1만 원은 내야 하는데'라는 생각이 들거나, 나한테 필요했던 서비스가 무료로 제공된다면 어떨까요? 돈을 내지 않고 공짜로 이용할 수 있어서 매우 기쁘지 않을까요?

◆ 우리는 어떤 것에 지갑을 열까?

가격이 싸다, 비싸다 하는 감각이 어떻게 형성되는지 살펴보았습니다. 이제 질문을 하나 드리겠습니다. 우리는 원래 어떤 것에 돈을 지불하고 있을까요? 1부에서도 잠깐 다뤘던 내용이라서 감이 좋은 사람이라면 바로 생각났을 수도 있습니다. 맞습니다. 우리는 '가치'에 돈을 지불하고 있습니다.

예를 들어 대다수 남자 중고등학생들은 멋지게 보이는 데 관심이 있을 것입니다. 그런 사람에게 피부가 혈색 있고 건강해 보이는 선크림이라거나, 근육량을 늘려 체격이 좋아지는 프로틴[11], 모발 타입이나 골격에 관계없이 잘생겨 보이는 헤어스타일이라고 광고하는 상품이나 서비스는 어떻게 비칠까요?

정도의 차이는 있겠지만 "사고 싶어!"라는 강한 구매욕을 보이는 반응부터 "저렴하다면 사용해 보고 싶다." "조금 비싸더라도 일단 해 보고 싶다."까지 비용을 지불할 가치가 있을 것 같다는 긍정적인 반응을 보일 것입니다.

가치란 나에게 좋은 것, 필요한 것, 내 욕망을 불러일으킬 수 있는 것입니다. 그런 의미에서 우리는 콜라라서, 백화점 화장품이라서, 프로틴이라서 돈을 지불하지 않습니다. 예를 들어 콜라를 마시면 기분 전환이 되니까, 백화점 화장품을 사용하면 피부 고민을 해결할 수 있어서, 프로틴을 섭취하면 슬림하면서 탄탄한 몸을 만

---

11 프로틴: 단백질을 많이 함유하고 있는 보조제. 근육을 늘리거나 체중을 조절할 때 도움이 된다.

  10대를 위한 공짜 경제학

들 수 있기 때문에 구매하는 것입니다. 콜라나 백화점 화장품, 프로틴이 제공하는 가치가 나에게 좋고 필요하고 내 욕망을 불러일으키기 때문에 돈을 내고 그 가치를 사는 것이지요.

우리는 가치에 돈을 지불합니다. 이 전제를 바탕으로 세상을 살펴보면 세상이 아주 명료하게 보이지 않나요? 우리가 흔히 이용하는 무료 앱 역시 엄청난 연구와 시행착오를 거쳐 만들어진 서비스라는 점도 깨닫게 될 것입니다.

◆ 가치가 높은데 가격은 낮다고?

가치에 돈을 지불한다고 앞서 언급했습니다만 지금까지 살펴봤듯이 가치란 내가 좋아하고 필요한 것, 내 욕망을 불러일으키는 것,

다시 말해 어디까지나 '나의 관점'이 중요합니다. 저는 최애 연예인과 한 시간 동안 콜라를 마시며 얘기를 나눌 수 있다면 주저 없이 10만 원을 지불할 것입니다. 하지만 연예인에게 관심이 없는 사람이라면 여기에 아무런 가치를 느끼지 못하겠지요.

반대로 저는 백화점 화장품에 별로 가치를 느끼지 못합니다. 하지만 미용에 관심이 많은 사람이라면 피부 고민을 해결하거나 원하는 외모로 가꾸는 데 도움이 되는 백화점 화장품은, 고가라 할지라도 구매할 가치가 있다고 생각할 것입니다. 이처럼 가치란 어디까지나 나의 관점이 중심이 되며, 지극히 주관적입니다. 그렇기 때문에 비즈니스로 성립하는 가치를 제공하기란 대단히 어렵다고 할 수 있습니다. 타인은 나와 다르기 때문입니다.

지금으로부터 150년 전에 살았던 수많은 경제학자들 또한 물건 가치를 어떻게 판매에 적용할 수 있는가에 대해 고민했습니다. 그들은 '특정한 물건의 가치에 대해 사람들은 어느 정도 비용을 지불하는가?'를 객관적으로 표현하려고 시도했습니다. 그리고 이러한 경제학 실험을 통해 '다이아몬드와 물의 역설[12]'이라는 다음과 같은 결과를 도출했습니다.

● 다이아몬드와 물의 역설

물	가치 기준	다이아몬드
○	도움이 되는가(가치)	△
저렴하다	가격	비싸다

　　　　　　　　　10대를 위한 공짜 경제학

◐ 다이아몬드와 물의 역설은 경제학의 아버지라 불리는 애덤 스미스가 가치 문제를 설명하면서 처음 언급했다.

만약 "물과 다이아몬드 중에 어느 쪽이 더 도움이 되는가?"라는 질문이 있다면 사람들은 대부분 물을 선택할 것입니다. 목마름을 해결해 주고, 음식을 만드는 데도 빼놓을 수 없기 때문입니다. 물은 인간이 살아가기 위해서 반드시 필요한 존재입니다. 지구는 표면의 70%가 물로 덮여 있는 혹성이며, 물이 없으면 지구에 있는 생물은 생존할 수 없습니다.

한편 다이아몬드는 물만큼 생활에 도움이 되지는 않습니다. 다이아몬드로는 목마름을 해결할 수 없습니다. 가지고 있으면 바라볼 때 기분이 좋아지고, 남들에게 자랑하는 정도의 역할밖에 할 수 없습니다. 하지만 '어느 쪽이 더 비싼가?'라는 관점에서는 신기하게도 물과 다이아몬드의 입장이 반대가 됩니다. 가치가 높다고 해서 가격이 비싼 것은 아니라는 점입니다.

---

12 역설: 올바르게 보이는 논리에서 납득할 수 없는 결과가 나오는 것.

◆ 가격을 결정하는 두 가지 가치

가치로 따지면 물이 더 가치 있지만, 가격은 다이아몬드가 훨씬 비쌉니다. 그 이유는 무엇일까요? 옛날 사람들도 이 이상한 현상을 보고 고개를 갸웃거렸습니다. 그러던 어느 날 그들의 생각에 커다란 변화가 발생했습니다. 가치에는 주관적인 가치와 객관적인 가치, 두 종류가 있는 것이 아닐까? 하는 생각을 한 것입니다.

먼저 첫 번째로 언급한 주관적인 가치는 내가 좋아하는 것, 나에게 필요한 것, 내 욕망을 불러일으킬 수 있는 것처럼 나를 중심으로 한 가치입니다. 이것은 바꾸어 말하면 "○○에 사용할 수 있다면 나에게 가치가 있으니 비용을 지불해도 좋아."라고 하는 것이며, '사용 가치'라고 합니다. 상품이나 서비스뿐만 아니라 좋아하는 사람과 함께 보내는 시간 같은 경험도 나에게 가치가 있다면 사용 가치가 높다고 말합니다.

두 번째로 언급한 객관적인 가치란 자신뿐만 아니라 다른 사람들도 인정하는 가치입니다. 다시 말해 나와 너 모두가 좋아하는 것, 나와 너에게 필요한 것, 나와 너의 욕망을 불러일으키는 것입니다. 이 객관적인 가치란 현대의 화폐에 해당하지만, 물물교환을 해서 필요한 것을 손에 넣었던 시대에는 금이나 보석이 객관적인 가치를 대표했습니다. "○○와 교환해 줄 수 있어."라는 의미를 지닌 가치이기 때문에 '교환 가치'라고도 불립니다. 예를 들어 여러분이 "얼마를 받으면 좋아하는 사람과 하는 데이트를 취소할 수 있나요?"라는 질문에 "100만 원을 받는다면 이번 데이트를 취소

    10대를 위한 공짜 경제학

🔵 가치와 가격은 서로 영향을 주고받는 상호 보완적인 관계이다.

해도 됩니다."라고 대답했다고 가정해 봅시다. 이때 100만 원이 바로 데이트의 교환 가치가 되는 것입니다.

이처럼 가치를 숫자로 치환할 수 없으며 나 자신의 관점에서 본 사용 가치와, 숫자로 치환할 수 있는 교환 가치로 나누기 시작하면서 경제학은 큰 발전을 이루게 됩니다.

◆ 왜 물이 다이아몬드보다 쌀까?

가치에는 사용 가치와 교환 가치 이렇게 두 종류가 있다는 점을 알게 되었습니다. 그러면 질문입니다. 물은 살아가기 위해 반드시 필요한 것인데, 왜 다이아몬드보다 가격이 훨씬 저렴할까요?

여러분이 스타벅스를 엄청나게 좋아한다고 가정해 봅시다. 스타벅스 신메뉴 출시 소식을 알게 되면 조금 비싸도 마셔 봐야지,

줄 서서 기다리는 한이 있어도 빨리 마셔보고 싶어, 라고 생각하지 않을까요? 오픈런을 해서라도 스타벅스 신메뉴를 마셔 보게 되었다면 대단히 기쁠 것입니다. 하지만 아무리 스타벅스가 좋고, 신메뉴가 맛있다 하더라도 한 시간에 1잔씩 구매해서 마셔야 한다는 조건이 있다면 어떨까요? 자금 형편은 차치하고라도 똑같은 스타벅스 신메뉴를 계속 마셔야 한다면 난감합니다. 여러 잔 마시는 와중에 배도 부르고 질리게 될 것입니다. 처음 마셨을 때 느꼈던 "스타벅스 신메뉴 맛있어!"라는 가치가 두 잔째에는 그보다 줄어들고, 네 잔이 되면 그보다 더 줄어들어 "이제 더는 못 마시겠어."라고 할 것입니다.

다시 말해 사용 가치는 공급량이 증가할수록 오히려 하락합니다. 이 점은 물에도 동일하게 적용됩니다. 원래 물의 사용 가치는 대단히 높습니다. 하지만 하천에는 엄청난 양의 물이 흐르고 있고, 수도꼭지를 틀기만 하면 콸콸 쏟아집니다. 다시 말해 물은 공급량이 대단히 많기 때문에 결과적으로 사용 가치가 낮아진 것입니다. 게다가 공급하는 양이 많으면 교환 가치도 낮습니다. 따라서 물은 가격이 저렴합니다.

반면에 다이아몬드는 본래 사용 가치가 물처럼 높지 않습니다. 다이아몬드를 사용할 기회가 그다지 많지 않기 때문입니다. 약혼반지나 결혼반지, 기념일 귀금속 등을 포함해 한 사람이 평생 사용하는 다이아몬드는 많아 봐야 10개 이내일 것입니다. 하지만 공급량이 적고 희소하기 때문에 사용 가치는 거의 하락하지 않습니

◉ 물과 다이아몬드의 가치 차이

물	가치 기준	다이아몬드
○	나에게 도움이 되는가 (사용 가치)	×
×	나와 너 모두에게 귀중한가 (교환 가치)	○
저렴하다	가격	비싸다

다. 그렇기 때문에 물에 비해 압도적으로 가격이 비싼 것입니다.

다만 물과 다이아몬드의 가치는 물이 없는 사막 한가운데 있는 경우라면 정반대가 됩니다. 물의 사용 가치와 교환 가치는 매우 높아지는 데 비해 다이아몬드는 아무 쓸모가 없기 때문에 사용 가치와 교환 가치 모두 거의 없어져 버립니다. 다시 말해 사용 가치와 교환 가치는 모두 상황에 따라 변화합니다.

◆ 한정판에 혹하는 이유는?

가치에는 사용 가치와 교환 가치가 있다는 사실을 잘 알고 있는 기업들은 '기간 한정 판매' 상품을 자주 출시합니다. 예를 들어 스타벅스에서는 계절 한정 라테나 프라푸치노[13] 같은 음료를 계속 출시합니다. 그 이유는 기간 한정으로 판매하면 교환 가치가 상승

---

13 프라푸치노: 커피 등의 음료를 얼음과 갈아서 셰이크 상태를 만든 다음, 그 위에 생크림 등의 토핑을 올린 스타벅스 오리지널 음료.

⬆ 나이키 한정판 신발은 리셀러들의 주요 타깃이 될 정도로 인기가 높다.　　　　　© 나이키

하여 음료 가격을 자연스레 올릴 수 있기 때문입니다. 정말 똑똑한 전략이지요. 우리는 "언제든지 살 수 있다."라는 말을 들으면 '음, 이 가격은 좀 비싼 것 같아'라고 생각하지만 같은 상품을 "2주 동안 한정 판매합니다."라거나 "전국에 10만 개 한정으로 판매하고 있다."라는 말을 들으면 갑자기 '그럼 이 가격이라도 사야 하지 않을까'라고 생각을 바꾸게 됩니다. 그 이유는 한정 판매라서 가치가 상승하기 때문입니다. 그야말로 다이아몬드와 같은 것이지요.

다만 한정품의 가치는 희귀한지 아닌지를 따지는 희소성과는 관련이 없습니다. 예를 들어 어떤 스마트폰 앱 게임에서 등장 확률이 0.00001% 정도로 아주 진귀한 카드가 떴다고 가정해 봅시다. 상당히 운이 좋았다는 생각이 들 것입니다. 하지만 그 게임 앱 자체의 다운로드 횟수가 많지 않아서 전국에 플레이어가 100명도 안 되는 경우라면 어떨까요? 아주 진귀한 카드가 떴다 하더라도 아무런 가치가 없게 됩니다.

아주 희소성이 있는 카드라서 판매하고 싶어도, 그 게임이 인기가 없거나 구매하고 싶어 하는 사람이 몇 안 되는 상황이라면 교환 가치가 없습니다. 다시 말해 한정품은 희소성이 있어서 가치

10대를 위한 공짜 경제학

가 상승하는 것이 아니라, 가지고 싶어 하는 사람이 많아서 교환 가치가 상승하는 것입니다.

◆ 사고 싶고 팔고 싶은 마음, 수요와 공급

원하는 사람이 있어야 가치가 있습니다. 이것을 학문적으로 표현하면 '수요와 공급'입니다. 수요와 공급이라고 하면 교과서에서 나올 법한 단어라서 어렵다고 느낄지도 모르겠습니다. 하지만 수요와 공급 관계를 이해해 두면 향후 여러분의 인생에 크게 도움이 될 것입니다. 도움이 되는 점 중 하나는, 별로 필요도 없는데 다들 가지고 싶다고 하니까 무심코 사 버리는 낭비를 줄일 수 있다는 것입니다.

또 다른 이점으로는 "경제란 무엇일까?" "어른들은 대체 어떻게 일을 해서 돈을 벌고 있는 걸까?" 같은 질문들에 대한 답을 알게 되어 세상의 구조를 단적으로 이해할 수 있다는 점입니다. 그러므로 여러분이 수요와 공급의 관계를 꼭 명료하게 이해하셨으면 좋겠습니다.

먼저 수요란, 간단히 말해 상품을 원하는 사람의 수입니다. 그 상품을 원하고 구매하고 싶어 하는 사람이 세상에 얼마나 많은지를 나타냅니다. 그리고 공급은 해당 상품의 개수입니다. 상품을 제조하는 사람이나 회사가 상품을 얼마나 만들어서 판매할 것인지를 의미합니다.

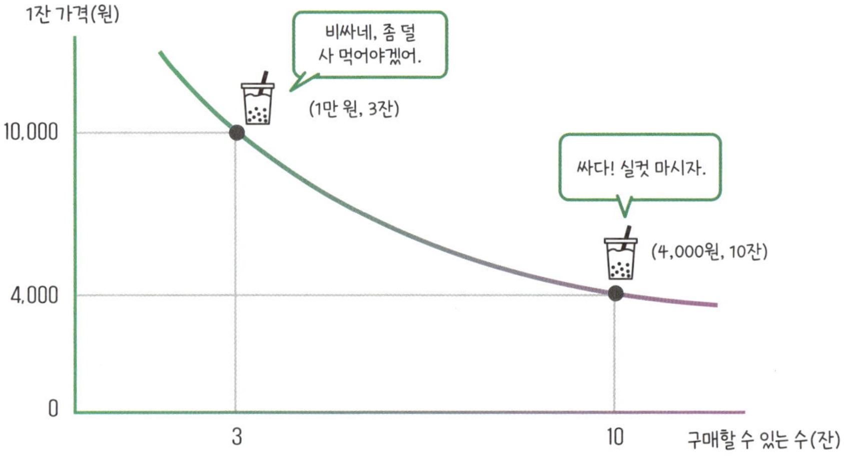

수요와 공급의 관계에 대해서 일반적으로는 물건의 가격이 상승하면 가지고 싶어 하는 마음이나 구매 의욕이 감소한다고 합니다.

한때 일본에서 엄청난 인기를 끌었던 타피오카 밀크티를 예로 들어 보겠습니다. 유행하기 전 타피오카 밀크티 1잔 가격은 불과 3,000원에서 4,000원 정도였습니다. 그런데 나중에 인기를 끌기 시작해 다들 마시고 싶어 하자 "3,000원이라니 정말 저렴하잖아! 그러면 나는 두 번 마실래." "4,000원이니까 다섯 번은 마실 수 있겠다."라는 사람이 점점 늘어났습니다. 그렇게 되자 공급량이 따라가지 못했습니다. 가격을 더 올리면 수익도 늘어나니까 결과적으로 공급량도 늘릴 수 있지 않을까? 하는 생각을 바탕으로

10대를 위한 공짜 경제학

1잔에 6,000원에서 7,000원까지 가격을 올리거나, 심한 경우는 1만 원까지 가격을 올려 판매하는 카페가 늘어나기 시작했습니다. 이런 상황에서는 타피오카 밀크티를 엄청나게 좋아하는 사람이 아니라면, 1잔에 1만 원이나 한다면 안 마시는 게 낫겠다며 구매 의욕도 줄어들기 마련입니다. 결과적으로 타피오카 밀크티의 전체 수요가 크게 줄어들었습니다.

이 예시에서 알 수 있듯이 수요와 공급의 관계성은 우리가 '사고 싶다'고 생각하는 마음과, 기업에서 '판매하고 싶은' 의향의 관계성이라고도 할 수 있습니다.

◆ 라테가 100원이라면 수요는 어떻게 될까?

수요란 그 상품을 필요로 하는 사람의 수라고 했습니다. 그렇다면 수요는 어떻게 정해질까요? 앞서 이야기한 것처럼 일반적으로는 물건의 가격이 올라가면 올라갈수록 사고 싶은 마음과 욕구가 줄어듭니다. 다시 말해 상품의 가격이 올라갈수록 그와 반비례해 수요는 줄어듭니다.

예를 들어 스타벅스 라테가 1잔에 100원이라고 하면 어떨까요? 만약 여러분이 스타벅스를 좋아하고 라테도 좋아한다면, 질리지 않는 한 몇 번이든 사서 마실 것입니다. 하지만 1잔에 5,000원이라면 어떨까요? 중학생이라면 스타벅스나 라테를 좋아한다 하더라도 인스타 업로드용으로 한 달에 겨우 한 번 정도 살까 말까 할 것 같습니다. 그럼 1잔에 5만 원이라면 어떨까요? 그렇게 비싼 커피를 마실 수 없잖아! 하며 포기해 버리겠지요.

이처럼 자신의 재정 상황을 고려했을 때 "1잔에 100원은 너무 저렴하니까 평소보다 세 배 정도 더 많이 구매할 거예요." 하고 생각을 바꾸는 것을 경제학에서는 '소득효과'라고 합니다. 구체적으로 말하면 자신이 가지고 있는 돈의 총량이 바뀌지 않았다 해도, 상품의 가격이 변동하면 수요도 바뀐다는 의미입니다. 예를 들어 스타벅스 라테가 1잔에 100원이면, 평소에는 가깝고 저렴한 카페에서 2,000원짜리 아메리카노를 사지만 오늘은 스타벅스 커피를 마셔야겠어, 하며 생각이 바뀔지도 모릅니다. 경제학에서는 어떤 상품의 가격이 오르거나 내려서 다른 것으로 대체되는 경우를 '대체효과'라고 합니다.

어느 경우든 간에 상품의 가격이 변동되면 우리는 구매 여부를 정하고, 만약 구매한다면 몇 번 구매할지도 결정합니다. 알기 쉬운 예를 들어 보자면, 일본에서 디플레이션[14]이 한창이던 2000년 즈음에 맥도날드는 개당 98엔(약 930원)에 판매하던 햄버거 가격을 68엔(약 650원)으로 낮추었습니다(2025년 2월 현재 일본 햄버거 가격은 약 1,600원). 값이 싸지자 당연하게도 수요가 급증했습니다. 하지만 1개에 98엔으로 가격을 원래대로 되돌리니 수요는 순식간에 감소했습니다. 이탈리안 패밀리 레스토랑 '사이제리야'는 메뉴 가

---

14 디플레이션: 물건이나 서비스의 가격이 오랜 기간에 걸쳐 계속해서 하락하는 것을 의미한다.

격을 극한까지 낮춰, "이렇게 싼 가격이라면 먹으러 가야지."라며 매장을 방문하는 고객이 끊이지 않는 것으로 유명합니다. 물론 모든 상품의 수요를 46페이지의 타피오카 밀크티 수요 그림과 같은 단순한 곡선으로 나타낼 수 있는 것은 아닙니다. 하지만 일반적인 수요는 객관적인 교환 가치인 '가격'에 따라 결정되기 쉽습니다.

○ 2022년 일본 맥도날드는 20년 전 가격으로 햄버거를 판매하는 특별 행사를 진행하기도 했다.

◆ 라테가 5만 원이라면 공급은 어떻게 될까?

한편 상품을 제조하는 측에서 만든 물건을 판매하고 싶어 하는 '상품의 수'인 공급은 어떻게 결정될까요? 이번에는 상품을 만드는 기업 입장에서 생각해 봅시다. 수요는 상품의 가격이 오르는 만큼 감소하는 것이 일반적이지만, 공급은 이와는 반대의 움직임을 보입니다. 다시 말해 상품 가격이 상승하면 상승할수록 공급은 증가합니다.

앞서 만약 스타벅스 라테 1잔에 100원이라면, 이라는 이야기를 했습니다. 만약 스타벅스에서 정말 라테를 100원에 판매한다면 우리는 아주 기쁘겠지요.

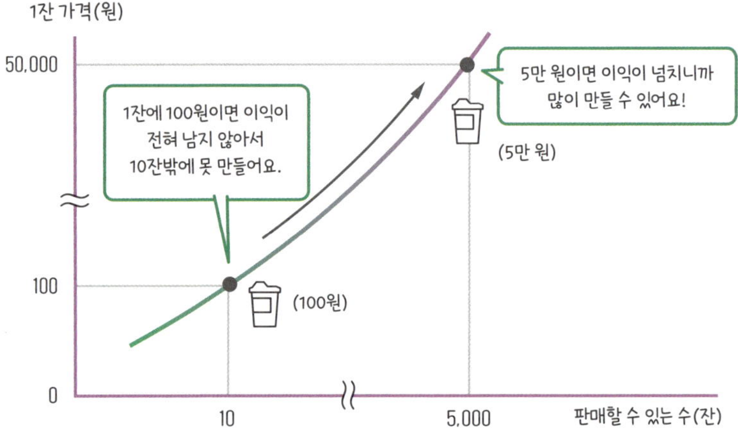

 하지만 상품을 제조하는 스타벅스 관계자 입장이라면 어떨까요? 라테 1잔을 만들기 위해서는 커피 원두나 우유 등의 원재료 값 외에도 컵 등의 자재비, 라테를 만드는 아르바이트생의 급여 등등 다양한 기타 비용이 들어갑니다. 상품이 완성되기까지 들어가는 비용을 '원가'라고 하는데, 만약 원가가 2,500원인 음료 1잔의 판매 가격을 100원으로 책정한다면 원가도 나오지 않아 손해를 보게 됩니다. 상품을 제조하는 입장에서는 상당히 곤란할 수밖에 없습니다. 엄청난 적자를 기록해 원료 사입[15]도 어려워져서 "죄송하지만 10월부터 라테는 판매를 중지합니다."라는 공지를 하게 될 것입니다.

 한편 만약 스타벅스 라테가 1잔에 5만 원이라면 1잔당 약 4만

7,500원의 흑자를 냅니다. 판매 수는 적어지겠지만 1잔만 팔려도 엄청난 이익이 남기 때문에 상품을 판매하는 입장이라면 공장을 증설하거나 아르바이트생을 더 고용해서 라테를 대량으로 생산할 수도 있습니다. 물론 1잔에 5만 원짜리 라테가 과연 팔릴지는 별개의 문제입니다. "5만 원짜리 라테가 과연 판매될까?"라는 관점에서 생각해 보면 의문이 들 수밖에 없습니다. 하지만 수요를 완전히 무시하고 상품을 판매하는 기업 입장에서만 생각해 봅시다.

상품을 얼마나 생산할 수 있을 것인가, 하는 관점이라면 가격이 상승할수록 기업의 이익이 늘어나기 때문에 공급량은 분명 증가할 것입니다. 수요곡선과 공급곡선을 봐도 알 수 있듯이, 상품을 원하는 소비자의 입장(수요)만 중시하거나 상품을 생산하고 판매하는 기업 입장(공급)만 중시한다면, 두 곡선은 영원히 맞물리지 않을 것입니다. 하지만 소비자가 원하는 상품의 총량(수요)과 기업이 생산, 판매하려는 상품의 총량(공급)을 합치면 신기한 현상이 발생합니다. "대충 이 정도 금액이면 괜찮지 않을까?"라고 하듯 자연스럽게 수요와 공급이 조화를 이루기 때문입니다.

이 조화를 이루는 한 점을 경제학에서는 '균형점' 또는 '균형가격'이라고 부릅니다. 다시 말해 공급은 수요와 밸런스를 이룰 수 있는 균형점을 기준으로 결정됩니다.

---

15 사입: 상거래를 목적으로 물건 따위를 사들임.

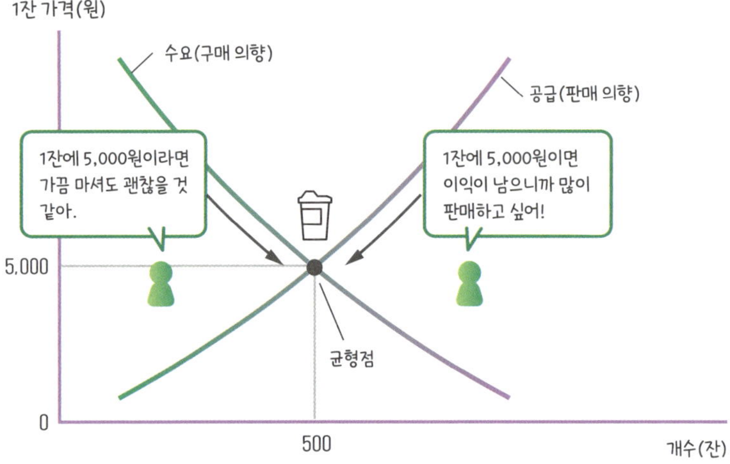

◆ 어른들이 요즘 유행을 물어보는 이유

앞서 수요와 공급 사이에는 자연스럽게 조화가 이루어진다고 말했습니다. 하지만 실제로는 예외인 경우도 많습니다.

예를 들어 인기 있는 고급 아이스크림 브랜드에서 기간 한정 상품을 판매하기 시작했다고 생각해 봅시다. 이 한정판 아이스크림은 약간 사치하는 기분을 내고 싶을 때 편의점이나 슈퍼마켓에서 손쉽게 살 수 있습니다. 이 브랜드에서는 기존에 판매하던 상품 외에 이따금 기간 한정 상품을 출시해 SNS에서 화제에 오르곤 합니다.

이것이 바로 교환 가치를 높이기 위한 방법입니다. 개중 어떤

                                    10대를 위한 공짜 경제학

상품은 폭발적인 인기를 끌어서 매진 사태를 빚을 때가 있습니다. 그러면 공급이 따라가지 못해 일단 판매를 중지하는 상황이 발생하기도 합니다. 이 경우는 상품을 생산하고 판매하는 기업의 예측이 빗나간 것입니다.

물론 기업에서도 지금까지 발생한 균형점을 분석해서 아이스크림 1개에 3,000원이면 이 정도 인원이 구매를 할 것이니 생산량을 늘려서 n만 개를 추가 생산한다고 미리 세세하게 예측하고 계획을 세웁니다. 그렇기 때문에 보통은 그러한 예측이 잘 맞아떨어집니다.

하지만 가끔 예측이 빗나갈 때가 있습니다. 예상보다 훨씬 많은 사람이 구매하고 싶어 하기 때문에 순식간에 재고가 동나는 것입니다. 그렇게 되면 제조사에서는 긴급하게 추가 물량을 생산하지만, 생산하는 기간 동안은 판매가 불가능할 수밖에 없습니다.

기간 한정 아이스크림 말고도 공급 예측이 빗나가는 경우는 흔히 발생합니다. 평상시에는 공급을 수식으로 나타낼 수 있지만, 어느 순간 갑자기 평소 사용하던 수식이 통용되지 않습니다. 왜 이런 일이 발생하는 것일까요?

그 원인은 아무도 예측할 수 없는 상황의 변화 때문입니다. 예를 들어 일본에서는 타피오카 열풍이 무려 세 번이나 일어났는데, 설마 세 번이나 대유행하리라고는 아무도 예측하지 못했습니다. 타피오카 열풍이 지나간 다음은 잠깐 동안 바나나 쉐이크가 유행했습니다. 하지만 타피오카만큼은 아니었습니다.

2022년에는 카눌레[16]가 순식간에 인기를 끌면서 카눌레를 판매하는 매장이 엄청나게 증가했습니다. 하지만 이 또한 바나나 쉐이크처럼 금방 사그라져 버렸습니다. 이처럼 유행이 바뀌거나 대체품이 등장하

○ 한국에서는 대만식 카스테라나 마라탕 열풍이 불어 한때 판매점이 우후죽순처럼 생기기도 했다.

거나 구매하려는 사람들이 급증하는 등 계산 논리가 격변하기 때문에 평상시에 사용하던 수식이 통용되지 않는 경우가 있습니다. 이러한 이유로 많은 기업인이 골머리를 앓고 있는 것입니다.

주변 어른들이 여러분에게 "요즘 너희 사이에서 유행하는 게 뭐야?"라고 질문을 던진 적이 있나요? 어쩌면 그 배경에는 예측할 수 없는 세상의 변화 조짐을 파악하려는 절실한 마음이 있을지도 모릅니다. 내일 어떤 일이 벌어질지는 알 수 없습니다. 하지만 어떤 상품이 급격하게 유행하기 시작하면 지금까지 생각한 계산식이 모조리 물거품으로 돌아가서 마음먹은 대로 비즈니스가 진행되지 않을 수 있습니다. 따라서 조금이라도 힌트를 얻으려고 하는 것입니다. 사실 일을 하면서 이런 점 때문에 고민하는 어른도 많습니다.

---

16 카눌레: 프랑스식 구운 과자 중 하나. 겉은 바삭하고 속은 촉촉한 식감이 특징이다.

◆ 디플레이션 스파이럴

일본의 이야기가 되지만 유행과는 별개로 수요와 공급 관계에 평소 사용하던 수식이 통용되지 않는 이유가 하나 더 있습니다. 일본에서는 수요와 공급이 자연스럽게 균형을 이루는 균형점을 무시하고 상품 가격을 의도적으로 낮게 공급하려는 사람이 매우 많습니다.

예를 들어 뉴스나 예능 프로그램에, 맛있는 요리를 푸짐한 양으로 제공하면서 가격도 파격적으로 낮춘 가게가 자주 등장합니다. 그리고 점주가 인터뷰에서 "적자가 나더라도 손님들이 배불리 드실 수 있다면 그걸로 만족합니다."라는 발언을 하는 경우가 많습니다. 그 장면만 보면 "양심적이네, 좋은 가게야."라고 말할지도 모르겠습니다. 하지만 같은 상권에 있는 다른 가게들 입장에서 생각해 보면 여간 민폐가 아닐 수 없습니다.

예를 들어 원래라면 8,000원 정도 받아야 이익이 남는 돈가스 정식을 그 가게에서는 5,000원에 판매한다고 생각해 봅시다. 다른 가게들은 몹시 곤란해질 것입니다. 당연히 "그렇게 가격을 낮춰 버리면 우리는 장사가 안 되잖아요."라는 말이 나올 수밖에 없습니다. 하지만 가격을 낮추지 않으면 손님들이 안 올 거고, 그러면 장사를 계속할 수 없을 것이라는 생각에 사로잡힌 점주는 일부러 가격을 낮춘 돈가스 정식을 계속 판매합니다.

가격을 낮추면 수요는 증가하기 때문에 당연히 저렴하게 판매하는 가게에는 항상 손님이 많습니다. 한편 주위에 있는 다른 가

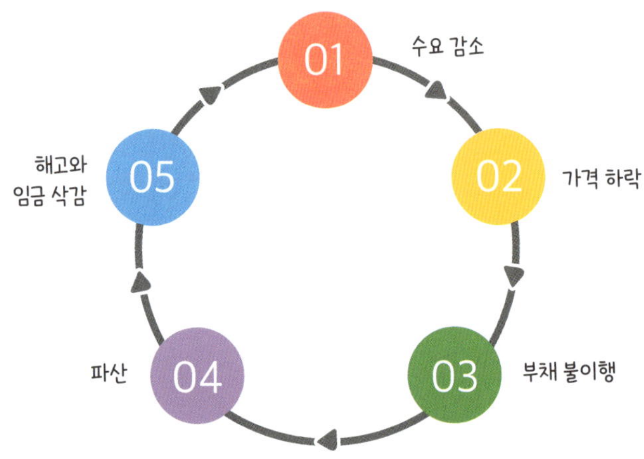

게들에는 발길이 뚝 끊기고 맙니다. 그렇게 되면 주변에 있는 가게들도 손님을 모으기 위해 가격을 낮출 수밖에 없습니다. 혹은 채산성을 도외시해[17] 연이어 적자를 기록하다가 장사를 그만두는 가게도 등장합니다.

　상품 가격을 올리지 않으면 기업 매출은 증가하지 않습니다. 그러면 임금 상승도 어려워져 사람들은 소비를 줄이게 됩니다. 이러한 경제 악순환을 '디플레이션 스파이럴(deflationary spiral)'이라고 합니다. 사실 일본에서는 1990년대 초에 버블[18]이 붕괴되었고,

---

[17] 채산성을 도외시하다: 이익 등 자금의 흐름에 신경 쓰지 않는 것.

[18] 버블: 버블 경제를 줄인 말. 1980년대에 일본에서 토지나 주식의 가치가 비정상적으로 상승했던 시기를 가리킨다.

그 이후 디플레이션 스파이럴이 일어난 채로 30년 가까이 지나버렸습니다. 이 30년 동안 다른 나라에서는 물가와 임금이 상승했지만, 일본만큼은 그대로 유지되고 있었습니다.

저는 그 이유가 '저렴한 것이 최고다'라고 생각하는 일본인의 디플레이션 마인드가 변하지 않았기 때문이라고 생각합니다. 이러한 일본의 상황은 전 세계에서도 꽤나 드문 일입니다. 이러한 상황 역시 수요와 공급의 일반적인 수식이 통용되지 않는 이유 중 하나라고 할 수 있습니다.

◆ 가격을 쉽게 올리지 못하는 이유는?

여기까지 읽은 독자 여러분 중 대부분은 이렇게 생각할지도 모릅니다. 물가나 임금이 상승해서 일본 경제가 좋아질 수 있다면, 가격을 낮춰야 손님이 올 거라고 생각하는 대신 시험 삼아 가격을 올려 보면 어떨까? 하고 말이지요. 이 생각은 이치에 합당합니다. 경제를 좋아지게 하려면 상품의 가격을 올릴 필요가 있습니다. 다만 가격을 올리기란 쉬운 일이 아닙니다. 앞서 수요와 공급 관계성에서 살펴보았듯이 가격을 올리면 수요가 줄어들어 전체적으로는 판매 수량이 줄어들기 때문입니다.

경제가 활발한 경우라면 우리 같은 소비자들이 가격 인상을 잘 받아들일 수 있기 때문에 상품은 원활히 판매됩니다. 상품이 팔리면 기업은 임금을 상승시킬 수 있고 따라서 소비자들의 지갑

사정이 좋아집니다. 그러면 가격을 더 올려도 받아들일 수 있습니다. 이처럼 경제가 선순환을 반복하게 되는 것입니다.

그러나 불경기가 오랜 기간 계속되다 보면 소비자들이 가격 상승에 대단히 민감해집니다. 가격을 아주 조금 올리기만 하면 수요가 즉시 감소합니다. 그래서 공급을 책임지고 있는 어른들은, 가격을 이 정도 올리면 수요가 어느 정도 줄어들까? 가격을 어느 정도 낮춰야 수요가 증가할까? 하는 생각으로 항상 마음을 졸이고 있습니다. 말처럼 쉽게 가격을 올리고 내릴 수는 없는 것입니다.

예를 들어 이익률[19]이 10%인 카페의 커피가 있다고 가정해 봅시다. 이 가게의 커피는 1잔에 5,500원입니다. 1잔을 만들기 위해서는 인건비와 매장 임대료, 커피 원두 등 원가가 4,950원 필요하기 때문에 1잔에 550원이 남습니다. 그러면 이 수치를 기본값으로 해서 한번 생각해 보겠습니다. 다음 페이지의 가격 시뮬레이션 표를 보면 가격을 올리거나 내리는 것이 얼마나 어려운지 더 잘 이해할 수 있을 것입니다.

커피 가격을 만약 절반인 2,750원으로 낮춘다면 2,200원 적자를 보게 됩니다. 이 경우는 상품 판매 조건 자체가 성립하지 않기 때문에 논외로 하겠습니다. 그러면 손님 수는 5,250원일 경우에 얼마나 증가하고, 5,750원일 경우 어느 정도로 감소할까요? 가

---

19 이익률: 매출에 대한 이익의 비율. 이익률이 높을수록 수익이 크다.

	커피 1잔의 판매 가격	원가	이익
베이스	5,500원	4,950원	550원 (베이스가 되는 수익)
판매 가격을 절반으로 낮춘 경우	2,750원	4,950원	▲2,200원 (적자이기 때문에 논외로 함)
판매 가격을 250원 낮춘 경우	5,250원	4,950원	300원
판매 가격을 250원 올린 경우	5,750원	4,950원	800원
원가를 250원 낮춘 경우	5,250원	4,700원	550원

격을 올리거나 낮추는 것과 관련해서 100원 단위의 세상을 떠올려 본다면 비즈니스 실태에 근접한 모습을 확인할 수 있을 것입니다.

- 1잔에 5,250원이라면 고객이 몰려들 것인가?
- 1잔에 5,750원이라면 고객이 급감할 것인가?
- 이익을 절반으로 줄이면 커피를 얼마나 판매할 수 있을 것인가?
- 이익 550원은 확보하되 그 대신 커피를 제조하는 데 드는 비용을 4,700원으로 낮춰 보자.

이처럼 가격을 올리거나 내리는 것은 비즈니스 세계에서 100

원 단위의 치열한 싸움입니다. 버블이 사라진 1990년대 이후 일본에서는 이러한 시행착오를 반복하면서 수십 년간 신중하게 가격을 조정해 왔습니다.

최근에는 청소년들도 당근마켓이나 번개장터 같은 앱을 이용해 직접 물건을 판매합니다. 지금까지보다 돈을 좀 더 벌고 싶다고 생각한다면 여러 아이디어가 떠오르겠지만, 우선 가격을 결정할 때 수요와 공급의 관계를 염두에 두면 좋을 것입니다. 예를 들어 많은 사용자가 검색하는 것 대비 판매 중인 상품 수는 많지 않은 경우가 있습니다.

이러한 경우라면 공급보다 수요가 많은 상황이기 때문에 다소 비싼 가격으로 출품하더라도 판매될 가능성이 높습니다. 한편 재고가 많은 상품은 수요가 적어 팔기 위해서는 어쩔 수 없이 가격을 낮춰야만 합니다.

◆ 가격을 높이기 쉬운 물건과 어려운 물건의 차이

지금까지 살펴본 내용에 더해 이제부터 살펴볼 '가격 탄력성'이라는 개념을 알아 두면 어른들이 가격을 결정하는 방법을 간략하게나마 이해할 수 있을 것입니다. 지금까지 언급했던 것처럼 일본은 경기가 그다지 좋지 않고, 저렴할수록 좋다는 생각을 가진 사람이 많기 때문에 모든 기업이 가격을 올리기 쉽지 않다고 생각하는 것이 현실입니다. 하지만 그런 상황에서도 비교적 가격

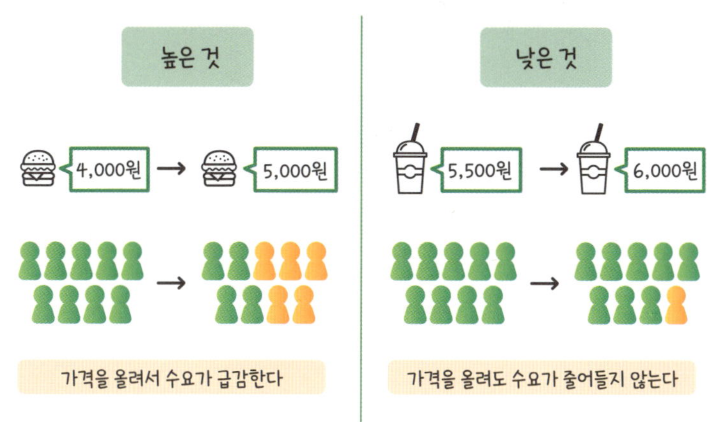

을 올리기 쉬운 물건과 어려운 물건이 있습니다. 예를 들어 1개에 4,000원짜리 패스트푸드 햄버거를 사려고 하는 사람이 1,000명 있다고 합시다. 그런데 5,000원으로 가격을 올리면 사려는 사람이 300명으로 줄어듭니다.

또 다른 경우로 앞으로 출시될 신제품으로, 1잔에 5,500원짜리 스타벅스 기간 한정 프라푸치노를 사려는 사람이 1,000명 있다고 생각해 봅시다. 그런데 신제품 최종 가격이 6,000원으로 올랐습니다. 하지만 이 프라푸치노를 사려는 사람이 여전히 900명이나 있습니다. 두 경우 모두 가격을 올렸는 데도 불구하고 구매하려는 사람들(수요) 수가 변동하는 정도에 차이가 있었습니다. 대체 어떤 점이 달랐던 것일까요?

이런 현상을 학문적 관점에서는 "가격 탄력성이 높다/낮다."라

○ 일본 스타벅스는 매 시즌 다양한 한정 프라푸치노를 선보여 매니아들을 유혹한다.© 스타벅스

고 표현합니다. 어떤 물건은 가격을 조금만 올려도 수요가 급감하는데, 이를 가리켜 가격 탄력성이 높다고 합니다. 그리고 가격을 약간 올려도 수요가 거의 바뀌지 않는 경우도 있습니다. 이 경우는 가격 탄력성이 낮다고 합니다.

다시 말해 가격을 낮춰서 수요가 순식간에 늘어나거나, 가격을 높여서 수요가 낮아지는 경우는 가격 탄력성이 높은 것이므로 가격 변동에 취약하며 가격을 올리기 어려운 상품에 속합니다. 한편 가격을 약간 올리거나 내려도 수요에 크게 영향을 미치지 않는 경우는 가격 탄력성이 낮아서 가격 변동에 강하고 가격을 조정하기 쉬운 편에 속하는 상품이라고 할 수 있습니다.

◆ 당근마켓에서 비싸게 팔고 싶다면?

가격을 올리기 쉬운 물건과 올리기 어려운 물건을 나누는 기준은 가격 탄력성이 높은가, 아니면 가격 탄력성이 낮은가 여부입니다. 그렇다면 가격 탄력성은 어떻게 결정될까요?

한 가지 척도는 사용 가치가 높은가 하는 점입니다. 내게 가치가 있는 것, 내게 필요한 것, 내 구매욕을 불러일으킬 수 있는 것일수록 가격이 약간 비싸진다 해도 비용을 지불하고 손에 넣으려 할 것입니다. 이 점은 화장실 휴지와 같은 생필품까지도 포함해 내게 가치가 있으면 있을수록 해당 상품의 가격 탄력성이 낮아집니다.

앞서 소개한 것처럼 패스트푸드인 햄버거는 4,000원에서 5,000원으로 가격을 올리자 구매하려는 사람이 급감했습니다. 왜 가격 탄력성이 높은 것일까요? 그 이유는 반드시 햄버거를 먹어야 하는 건 아니라고 생각하는 사람이 많기 때문입니다. 이러한 경우라면 약간의 가격 상승에도 민감하게 반응하는 것입니다. 먹을 것이나 마실 것은 생활필수품이기 때문에 옛날에는 가격 탄력성이 낮았습니다. 하지만 경제가 성장, 성숙해짐에 따라 음식이나 음료 선택지가 무한하다고 해도 좋을 정도로 많아졌습니다. 꼭 그것이 아니더라도 대체할 수 있는 상품이 있다면 가격 탄력성이 높아지기 때문에 가격을 올리기가 쉽지 않습니다.

그리고 가격 탄력성을 결정하는 또 다른 변수는 '공급하는 수량'입니다. 예를 들어 휴지는 다 써 버리면 매우 곤란해지는 생필품입니다. 그와 동시에 자재비가 급등하면 공급할 수 있는 양에도 한계가 있습니다. 따라서 약간 가격을 올리더라도 소비자들은 "가격이 이 정도 오르는 건 어쩔 수 없지."라며 받아들이는 경우가 많습니다. 스타벅스에서 기간 한정으로 판매하는 프라푸치노 역시 독자적인 브랜드와 상품 이미지, 그리고 가치를 지니고 있기 때문에 대체할 수 있는 다른 음료가 없습니다. 그에 더해 일정 기간에만 판매한다면 결과적으로 공급량에도 한계가 있습니다. 이러한 상품과 서비스는 가격 탄력성이 낮기 때문에 가격을 올리기 어렵지 않습니다.

그러면 여러분이 번개장터에서 물건을 판매하려 할 때 어떻게 하면 좋을지 이해하셨으리라 생각합니다. 먼저 여러분이 판매하려고 하는 상품이 어느 정도 가격에 팔리고 있는지를 조사해 보아야 합니다. 다른 사람들은 어느 정도 가격을 매겨 판매하고 있는지, 또 이 정도 가격에는 금방 판매되지만 그보다 비싼 가격에는 재고가 남는다 등 시세를 먼저 파악하는 것입니다.

그다음 어림짐작이라도 좋으니 가격이 바뀌면 수요가 어느 정도 달라질 것인가를 고민해 봅시다. 만약 여러분이 판매하려고 하는 상품은 가격이 조금 변동되더라도 수요에 큰 변화가 없을 것으로 예상된다면 가격 탄력성이 낮은 것이므로 가격을 조금 더 올려도 되겠다는 판단을 내릴 수 있습니다. 반대 상황도 마찬가지로 이보다 가격을 더 올리면 안 팔릴 것 같다는 판단을 하는 것만으로도 구매 희망 문자가 올 확률이 크게 증가합니다.

                                    10대를 위한 공짜 경제학

◆ 가치와 가격으로 이해하는 무료 서비스의 원리

여기까지 가치와 가격에 대해 살펴보았습니다. 그렇다면 무료 서비스의 경우는 어떨까요? 애초에 무료라고 했으니만큼 가격은 0원입니다. 이를 어떻게 활용하는지 함께 살펴보도록 합시다.

무료 서비스는 서비스를 이용하는 사용자에게는 '0원짜리'입니다. 그렇다면 0원이니까 수요와 공급의 밸런스가 맞는 균형 가격이 존재할 수 없다는 생각이 드나요? 하지만 1부에서 설명한 것처럼 무료 서비스 비즈니스 모델은 '나 대신 누군가가 돈을 지불해 주는 구조'였습니다.

다시 말해 돈을 내는 누군가가 있기 때문에 성립할 수 있는 비즈니스 모델이므로, 무료라 하더라도 서비스가 계속 제공되고

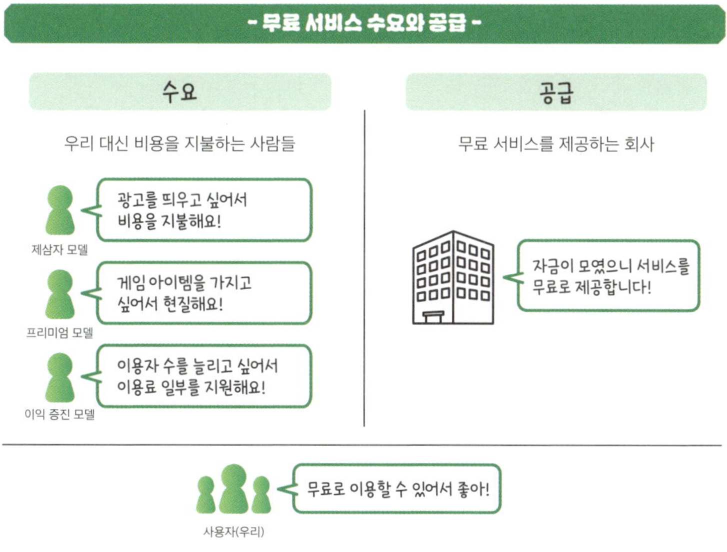

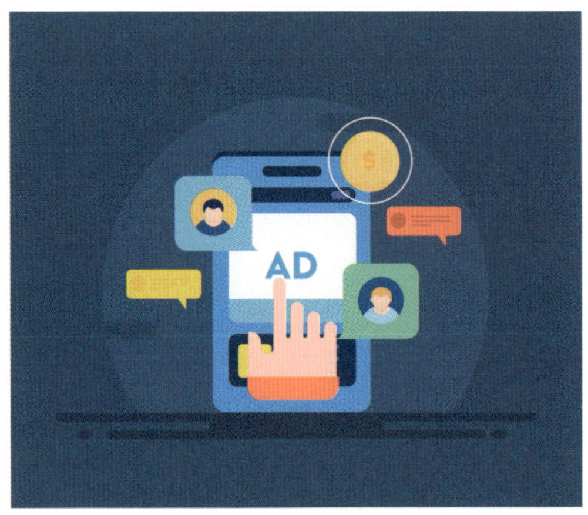

○ 무료 앱은 인앱 광고 등으로 수익을 대체하는 경우가 많다.

있다면 수요와 공급 밸런스가 잘 맞는 것입니다.

게다가 나 대신 누군가 돈을 지불해 준다는 것은, 바꾸어 말하면 누군가에게는 엄청난 가치가 있기 때문에 돈을 지불한다는 의미입니다. 무료로 제공되는 서비스에 비용을 지불하는 측은 많은 사람에게 광고를 보게 하고 싶거나, 서비스 이용자를 늘리고 싶은 기업, 또는 비용을 지불해 더 좋은 서비스를 이용하고 싶은 개인 사용자입니다. 이들은 무료로 제공되는 앱에 돈을 지불해도 되겠다고 생각할 만한 가치가 있기 때문에 내는 것입니다. 그렇기 때문에 시스템을 만들어서 무료 앱을 제공하고 있는 기업들도 비즈니스 실적을 내면서 계속 운영할 수 있는 것입니다.

2부 서두에서, 원하는 사람이 있어야 비로소 가치가 있다는 점을 학문적인 표현으로는 수요와 공급이라고 설명했습니다. 이

　　　　　　　　　　　　　10대를 위한 공짜 경제학

관계성은 유료 서비스나 무료 서비스 모두에 적용됩니다. 무료 서비스의 경우, 사용자가 (무료로) 사용하고 싶은 의향(수요)과 기업이 판매하고 싶은 의향(공급) 사이에 (가치가 있기 때문에), 비용을 지불하겠다는 의향을 가진 사람이 존재하는 간단한 구조입니다.

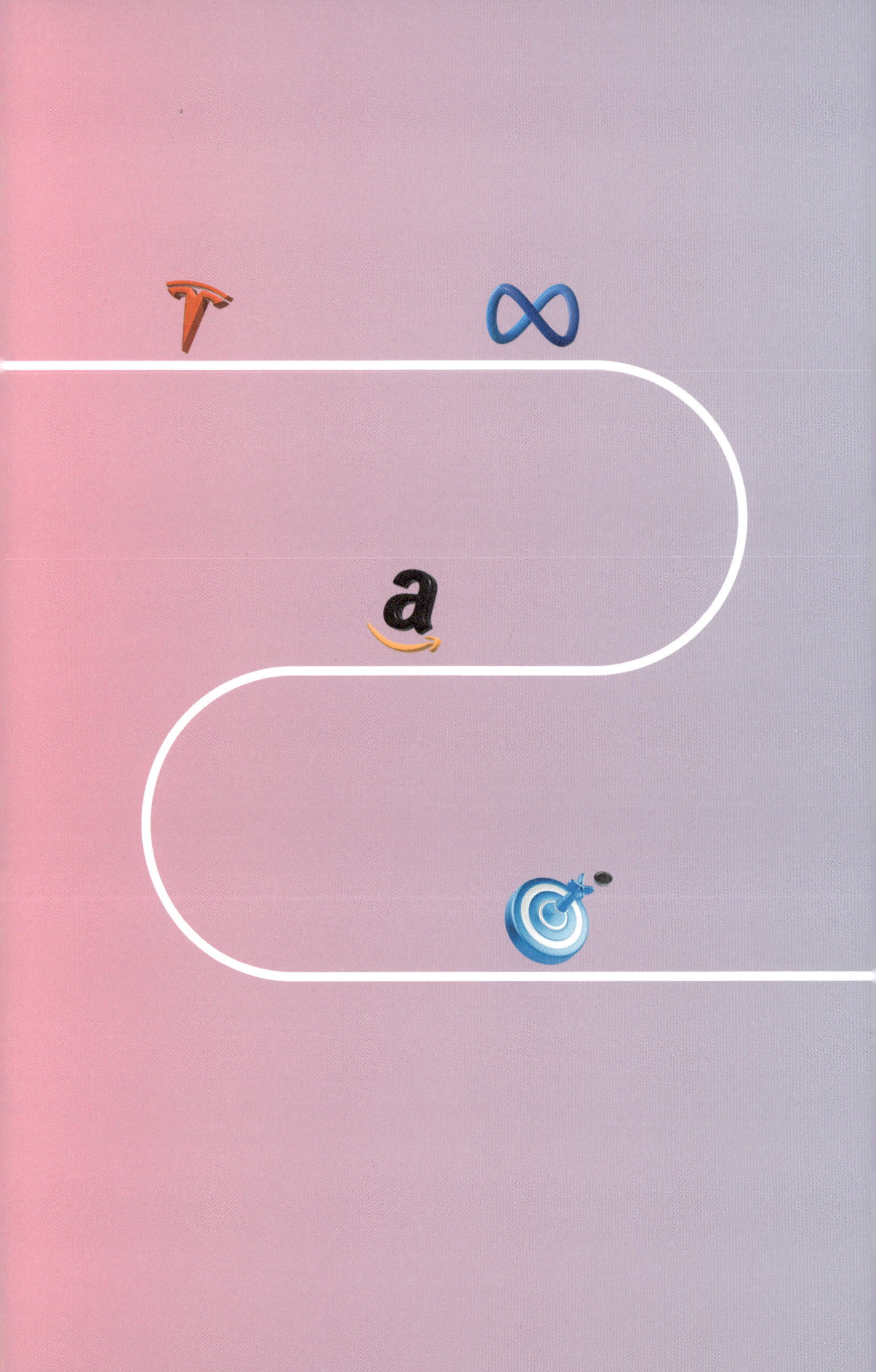

시장이란 무엇일까?
구매욕은 왜 생길까?

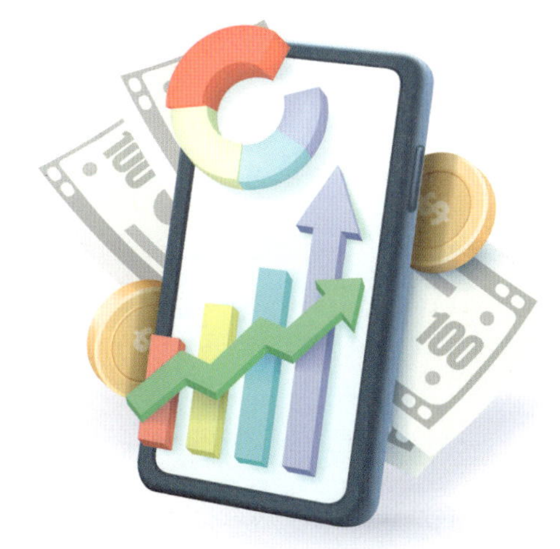

◆ 남녀노소 누구나 매일 협상하고 있다

"여러분은 매일 다양한 장소에서 협상을 하고 있습니다." 이런 말을 들으면 여러분은 어떤 생각이 드시나요? 무슨 말인지 모르겠다고 할 수도 있고, 협상 같은 건 안 하고 있는데? 하고 반문하고 싶을지도 모르겠습니다. 그도 그럴 것이 우리는 협상하고 있다는 자각이 없는 상태로 매일 협상을 하고 있기 때문입니다.

어떤 의미인지 설명해 보겠습니다. 여러분이 상품이나 서비스를 구매할 때를 떠올려 보시기 바랍니다. 슈퍼마켓이나 백화점처럼 실제 매장에 갈 수도 있고 온라인 스토어를 이용할 수도 있습니다. 이 점은 무료 서비스도 동일합니다. 예를 들어 네이버웹툰이나 무료 게임을 사용하려면 구글플레이나 앱스토어에서 앱을 다운로드해야 합니다.

다시 말해 유료이든 무료이든 원하는 것을 손에 넣을 수 있는 곳이 반드시 존재합니다. 이런 장소를 추상적인 단어로 '시장'이라고 표현합니다. 시장은 사고 싶은 사람들이 팔려고 하는 사

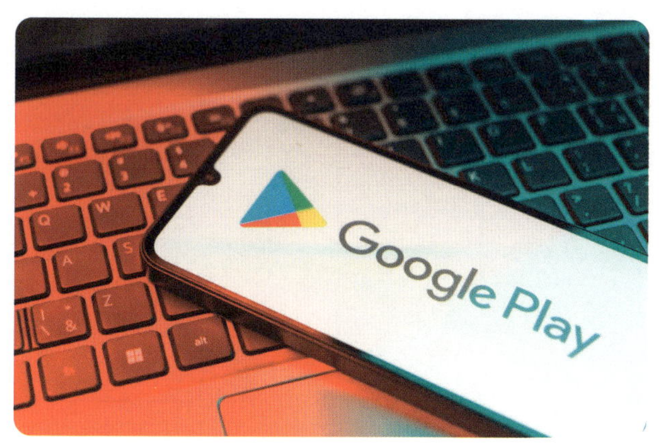

한국에서는 플레이스토어라는 명칭으로 익숙한 구글플레이.

람과 협상해 구매 여부를 판단하는 장소라고도 할 수 있습니다.

그러면 대체 무엇을 위해 상품이나 서비스를 이용하려는 것일까요? 예를 들어 목이 마르다거나 여드름을 치료하고 싶어서 등등 자신이 가지고 있는 어떤 욕망을 충족시키기 위해서 상품이나 서비스를 구매합니다.

여러분 얼굴에 여드름이 잔뜩 나서 고민이라고 가정해 봅시다. 그럴 때 "세안 후에 바르면 세균 번식을 억제해 여드름을 개선할 수 있어요. 가격은 1개에 3만 원입니다."라는 문구가 적힌 상품이 눈에 띈다면 매력적으로 다가오지 않을까요? 하지만 구매를 할지 말지 고민하겠지요. "좀 비싼 것 같은데. 저걸 사면 한 달 용돈을 거의 다 써 버리잖아."라거나 "그래도 이 제품을 발라서 여드름이 나을 수 있다면 사용해 보고 싶어." "과연 가격에 걸맞은 효과가 있을까?"라며 혼자 고민하고 갈등할 것입니다.

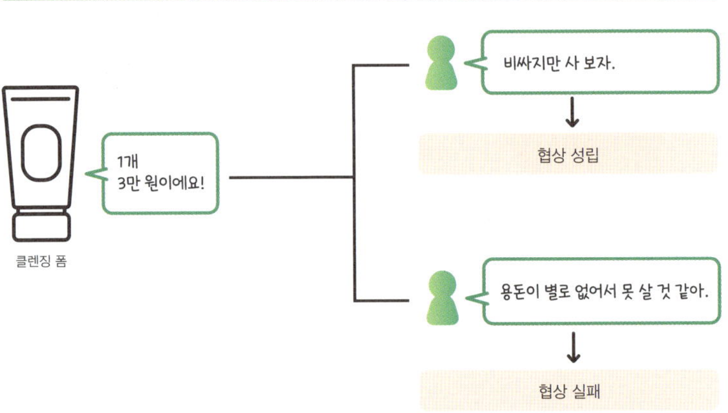

사실 이 시점에서 이미 협상은 시작되었습니다. 누구와 누구 사이의 협상일까요? 팔려고 하는 사람과 사려고 하는 사람의 협상입니다. 이를 추상적인 표현으로 '시장 교환'이라고 합니다. 고민 결과 좀 비싸지만 여드름이 사라질 수 있다면 구매하겠다고 결정했다고 합시다. 그러면 순조롭게 협상이 성립한 것입니다. 협상이 성립하면 구매자인 여러분은 욕망이나 필요를 채울 수 있고, 판매자는 판매 대금 등의 가치를 손에 넣을 수 있습니다.

이처럼 자신의 욕망이나 필요를 충족시키기 위한 협상은 사실 초등학생이나 중학생부터 할아버지, 할머니에 이르기까지 모든 사람이 하고 있는 것입니다. 그럼에도 불구하고 당사자들은 협상을 하고 있다고 전혀 느끼지 못합니다. 그렇기 때문에 경우에 따라서는 판매자의 구슬림에 넘어가 속칭 '호구'가 되어 버릴 가능

10대를 위한 공짜 경제학

성이 있습니다.

그렇게 되지 않기 위해서라도 어떤 상품을 구매할지 고민이 된다면 이미 협상이 시작되었다고 머릿속으로 생각해 보시기 바랍니다. 어쩌면 상대에게 유리한 상황에서 협상이 성립할 수도 있다는 전제하에 의문이 가는 점에 대해 질문해 보거나, 상품이나 서비스 가격을 깎아 달라는 등의 흥정을 할 수 있게 됩니다.

◆ 어떤 시장이든 처음은 0원부터 시작한다

시장은 규모가 크면 클수록 더 큰 비즈니스 기회가 숨어 있고, 관련된 사람도 더 많습니다. 그 이유는 무엇일까요? 만약 판매자가 한 군데가 아니라 2, 3개 기업 또는 더 나아가 100개 기업이나 1,000개 기업까지 늘어난다고 생각해 봅시다. 기업 수가 늘어나면 늘어날수록 상품 선택지도 증가할 것입니다. 다양한 상품이 있고, 소비자가 이것도 좋고 저것도 좋다며 선택할 수 있는 상품 종류가 늘어날수록 구매자 수와 협상 횟수도 점점 증가합니다. 다시 말해 시장은 규모가 커질수록 관련된 사람이 많아지고, 돈도 더 많이 모이게 됩니다. 따라서 판매자와 구매자 모두에게 더욱 매력적인 장소가 됩니다.

그렇다면 시장 규모는 어떻게 계산하는 것일까요? 구체적으로는, 1년 동안의 구매자 수(합계)와 구매 금액(1회 협상에서 성립한 금액), 구매 횟수 이 세 가지를 곱해서 구합니다. 그리고 저는 이 요소들을 시장 규모를 결정하는 세 가지라고 생각합니다.

- 시장 규모 = [구매자 수] × [구매 금액] × [구매 횟수]

여러분이 자주 사용하는 당근마켓이나 번개장터 같은 중고 거래 시장의 규모는 2025년에 43조 원에 달할 것으로 전망되고 있습니다. 이 수치 역시 앞서 설명한 계산식에 근거한 것입니다. 2008년 4조 원, 2021년 24조 원이었던 시장이 급속도로 커져 가고 있습니다. 하지만 아무리 큰 시장이라도 처음에는 구매자가 없는 상태, 다시 말해 0원부터 시작합니다.

예를 들어 네이버페이나 카카오페이 같은 간편결제는 아마 여러분 부모님 세대도 많이 사용하고 있을 것입니다. 물론 여러분도

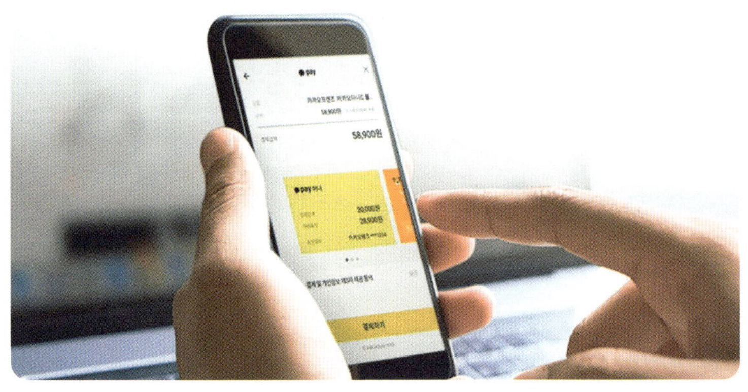

○ 2014년부터 시작된 카카오페이 서비스는 현재 자산관리, 교통카드, 온오프라인 결제, 송금 등 다양한 기능을 지원한다. © 카카오페이

사용하고 있겠지요. 2024년 상반기 간편결제 서비스 이용 규모는 하루에 2,971만 건, 9,392억 원에 달합니다. 하지만 10여 년 전에는 거의 0원에 가까운 시장이었습니다. 애초에 이러한 시장이 존재하지 않았기 때문입니다. 새로운 시장이 만들어지고 나서 이렇게 대폭 성장할 수 있었던 이유는, 이 시장은 수요가 있어서 반드시 성장할 것, 이 시장을 성장시키면 제대로 비즈니스를 할 수 있을 것이라고 생각한 사람들이 엄청난 기세로 비즈니스 모델을 만들었기 때문입니다. 그리고 좀 더 편리한 결제를 원하던 사람들에게 이 비즈니스 모델은 가치가 있었습니다. 덕분에 단숨에 이용자와 사용 금액이 급증했습니다.

◆ 구매 의사와 판매 의사, 어느 쪽이 먼저일까?

어떤 시장이든 처음에는 0원에서 시작합니다. 그렇다면 구매 의사와 판매 의사 둘 중 어느 쪽이 먼저 발생할까요?

"닭이 먼저냐, 달걀이 먼저냐." 하는 논제와 마찬가지로 현대 사회에서는 어느 쪽이 먼저인지 잘 모르겠다고 느끼는 사람들이 있을 것입니다. 하지만 옛날에는 수요가 먼저였기 때문에 명백하게 욕망이 먼저 발생했습니다. 예를 들어 "너무 더워서 방에 있을 수 없다."라는 소비자의 의견을 듣고 제조사는 선풍기를 발명합니다. "음식이 금방 상해서 곤란하다."라는 소비자의 의견을 듣고 냉장고를 개발합니다. 재래식 화장실이던 시절 "악취가 심하고 파리가 들끓어 곤란하다."라는 고충을 듣고 파리를 잡는 끈끈이를 만들었고 더 나아가 수세식 화장실이 탄생했습니다.

이런 사례들처럼 예전에는 일상생활에서 필요를 느껴 해결해야 할 문제가 많았습니다. 다시 말해 사람들이 가진 욕구나 욕망은 알기 쉬웠고 뚜렷하게 드러났습니다. 하지만 지금은 일상생활에서 느끼는 불편한 점이나 해결해야 할 어려움이 한정적입니다. 물론 지금 당장 연예인 ○○와 사귀고 싶어, 이 세상에 다시 태어나고 싶어 등 꿈같은 소망은 별개의 이야기이겠지요.

사치하지 않고 평범하게 생활을 하고 있는 사람들의 경우에는 많은 욕구가 이미 충족되고 있고, 지금 당장 수중에 없다 하더라도 개개인이 가지고 있는 욕구를 충족시킬 수 있는 상품이나 서비스가 다수 존재합니다. "아직 존재하지는 않지만 출시되었으면 하는 상품이나 서비스가 있나요?"라고 물어보면 흔히 "글쎄요, 뭐가 있을까요?"라며 한참 생각해야 할 것입니다. 일상생활에서 아직까지 해결되지 않은 불편한 점은 곰곰이 생각해 봐도 10개가 채 안 되지 않을까요? 다시 말해 우리가 가지고 있는 욕구나 욕망은 예전보다 더 눈에 띄지 않으며 파악하기도 어렵습니다.

그렇기 때문에 지금은 수요가 아니라 공급이 먼저인 시대입니다. 공급자인 기업은 소비자 스스로도 알아차리지 못한 욕망을 찾아내서 "이런 서비스는 어떠신가요?"라고 먼저 제안을 할 필요가 있습니다. 하지만 말이 쉽지 실제로 찾아내기란 꽤나 어렵습니다. 예를 들어 아이폰을 떠올려 보면 이해하기 쉬울 것 같습니다.

 10대를 위한 공짜 경제학

아이폰이 2007년 등장했을 당시 한국은 위피[20]라는 공용 플랫폼을 탑재하는 것이 법률적으로 의무화되어 있었습니다. 덕분에 아이폰 대신 한국에서 생산된 2G폰이 주류를 이루었습니다.

○ 스마트폰이 보급되기 전에 사용되던 피처폰. iOS나 안드로이드 등과 달리 사용자 임의로 응용 소프트웨어 설치가 힘들다.

저해상도 카메라, 문자수 제한 등 지금 학생 여러분은 상상하기 힘든 성능이었습니다. 그래도 불편함 없이 살았습니다.

하지만 현재 스마트폰이 없는 세상은 생각할 수도 없습니다. 이처럼 상황이 바뀐 것을 보면 아이폰이 얼마나 참신하고 획기적이며 소비자가 알아차리지 못한 욕망을 자극했는지 잘 알 수 있습니다. 앞서 언급한 간편 결제도 그렇고 중고 거래 앱 역시 마찬가지입니다. 공급하는 기업이 소비자들에게 "부디 사용해 주셨으면 좋겠습니다!"라고 간절히 요청하는 것이 아닙니다. 소비자들이 "그래, 이런 게 필요했어!"라면서 기쁘게 받아들여 어느샌가 너도나도 사용하는 것입니다. 이러한 상황을 공급자 입장에서는 시장을 개척한다고 표현합니다.

---

[20] 위피: WIPI. 2002~2009년 사이에 쓰인 대한민국의 표준 모바일 플랫폼.

현대 사회는 틀림없이 공급이 먼저인 시대입니다. 소비자도 알아차리지 못한 욕망을 자극할 수 있는 서비스를 공급하는 기업들이 시장을 원점에서부터 시작할 수 있습니다.

◆ 금방 사라져 버리는 구매 욕구

소비자도 알아차리지 못한 욕망을 발견하는 것은 쉽지 않지만, 겨우 찾아낸 욕망을 바탕으로 원점에서부터 시장을 개척해 나가는 것도 대단히 어렵습니다. 왜냐하면 욕망이란 기본적으로 수요와 관련이 있는데, 바로 이 수요들이 계속해서 바뀌기 때문입니다. 2부에서도 이야기한 것처럼 유행은 너무나 빨리 변하고 금세 대체품이 등장하며, 가지고 싶어 하는 사람이 급증하거나 급감합니다. 게다가 운 좋게 아무도 발견하지 못한 욕망을 발견했다고 하더라도 0원에서 시작해야만 합니다. 그런 상품은 협상 횟수도 적고 마치 불씨처럼 언제 사라져도 이상하지 않은 존재인 것입니다. 그렇기 때문에 통상적으로 수요가 금방 사라져 버리는 상품이 압도적으로 많습니다.

아마 여러분도 다음과 같은 경험을 한 적이 있을 것 같습니다. '이거 안 사도 될 것 같은데…'라는 생각을 한 번이라도 하게 되면 그 물건에 대해서는 정말 가지고 싶은 마음이 좀처럼 들지 않는 경험 말입니다. 단 한 번이라도 줄어들어 버린 수요를 다시 늘리기란 대단히 어려운 일입니다.

                                         10대를 위한 공짜 경제학

그래서 옛날부터 어른들은 수요라는 불씨가 가능한 한 꺼지지 않도록 조심하면서 더 키워 나갈 방법을 찾기 위해 아이디어를 짜내고 고심했습니다. 구체적으로는 앞서 언급한 구매자 수, 구매 금액, 구매 횟수라는 시장 규모의 세 가지 축을 가능한 한 늘려서 시장을 키워 나가려 합니다.

◆ 무료 서비스에도 보이지 않는 손이 작용할까?

타피오카 밀크티를 예로 들어 생각해 봅시다. 타피오카 붐이 일어 수요가 급증하자 그에 따라 시장 전체의 타피오카 밀크티 평균 가격이 상승합니다. 그리고 가격이 올라 수요가 줄어들고 공급이 웃돌게 되면, 수요를 다시 회복하기 위해 시장 전체의 타피오카 밀크티 평균 가격은 저절로 하락합니다. 다시 말해 수요가 많아지면 가격이 반드시 상승하고, 공급이 수요를 웃돌면 가격은 반드시 하락합니다. 정말 신기한 현상이 아닐 수 없습니다.

수요와 공급 사이의 신기한 균형은 2부에서도 언급했습니다. 경제학 분야에서는 이 현상을 마치 신의 손에 의해 균형을 유지하고 있는 것처럼 보인다고 해서 '보이지 않는 손'이라고 부릅니다. 그러면 보이지 않는 손은 과연 무료 서비스에서도 작용할까요? 무료라면 가격이 0원이기 때문에 사실 순수하게 가격에 의한 조정은 이루어지지 않습니다. 그렇기 때문에 꽤나 까다롭습니다.

예를 들어 프리미엄 비즈니스 모델인 네이버웹툰을 생각해 봅

○ 저서 『국부론』을 통해 보이지 않는 손의 역할을 주장한 영국의 경제학자 애덤 스미스의 동상.

시다. 여기에 게재 중인 만화 중 많은 수는 무료로 제공되고 있지만 일부는 돈을 내야만 즐길 수 있습니다. 만화를 무료로 읽을 수 있기 때문에 예전 타피오카 밀크티처럼 수요가 점점 많아질 것이라 예상할 수 있습니다. 하지만 타피오카 밀크티와 결정적으로 다른 점은 같은 콘텐츠(이 경우에는 동일한 만화)만 제공하면 순식간에 질릴 수 있다는 점입니다.

게다가 원래 무료이기 때문에 한번 질려 버리면 가격을 낮추는 방법으로 인기를 다시 회복할 수도 없습니다. 그래서 질리지 않도록 매일 혹은 매주 새로운 만화를 제공해 사람들을 모아야 하는 까다로운 비즈니스 모델입니다.

이는 모바일 게임도 마찬가지입니다. 무료로 플레이할 수 있지만 동일한 콘텐츠만 계속 제공하면 질려 버리고 맙니다. 그래서 개발사는 새로운 콘텐츠를 정기적으로 업데이트해야만 합니다. 틱톡이나 인스타그램 역시 사용자들이 '재밌다' 혹은 '좋다'고 느낄 수 있는 콘텐츠를 계속 공급하지 않으면 서비스를 종료해야 하는 상황에 놓이게 될 것입니다. 이처럼 새로운 콘텐츠를 계속해서 공급하기란 대단히 어렵습니다.

이렇게 무료로 제공하는 비즈니스 모델은 가격으로 조정할 수 없기 때문에 보이지 않는 손이 순수하게 작용하기 어려우며, 질리지 않도록 계속해서 다른 서비스를 제공해야만 합니다. 그러한 의미에서 다른 유료 서비스보다 고려해야 할 점이 대단히 많고, 어려운 모델이라는 사실을 이해했으리라 생각합니다.

◆ 어쩌다 민폐 리셀러가 탄생했을까?

수요가 높아지면 가격이 상승하고, 공급이 많아지면 가격이 하락합니다. 실은 이 보이지 않는 손이 통용되지 않는 경우가 무료 모델 이외에도 또 있습니다. 예를 들어 상품을 사재기해서 더 비싼 가격으로 판매하는 리셀러, 즉 되팔이꾼이 판치는 시장에서도 보이지 않는 손이 원활히 작용할 수 없습니다.

최근 리셀러는 사회 문제가 되었습니다. 하지만 구매한 물건을 다른 사람에게 되파는 행위 자체가 나쁜 것은 아닙니다. 예를 들어 제가 판매 가격이 1,000원인 상품을 만들었다고 합시다. 흔히 말하는 제조사입니다. 하지만 저는 판매할 능력이 없어서 "이걸 좀 팔아 줄 수 있을까요?"라며 판매자를 모집합니다. 그랬더니 "저는 전국에 있는 소매점과 연결되어 있으니, 이 상품을 1,000원에 사서 전국 매장에 1,200원에 공급하겠습니다. 어떠신가요?"라고 말하는 사람이 등장했다고 합시다. 이들이 소위 '도매'라고 하는 사람들입니다. 그리고 소매업자들은 이 상품을 최종적으로 1,300원에 판매했습니다. 그러면 도매업자는 200원의 수익을 얻고, 소매업자는 100원의 이익을 남깁니다. 최근에는 상품이나 서비스를 판매할 때 대체로 위와 같은 순서로 진행합니다. 여기서 도매업자는 '오리지널 리셀러'라고 할 수 있습니다. 그러므로 전매[21] 행위 자체가 나쁜 것은 아닙니다.

그렇다면 리셀러의 어떤 점이 문제가 되는 것일까요? 예를 들어 여러분이 좋아하는 가수의 콘서트에 가고 싶어서 라이브 공연 티켓을 사려고 계획한다고 가정해 봅시다. 그런데 리셀러가 티켓을 마구 사들인 다음에 정규 가격의 1.5배 내지 2배, 3배에 달하는 부당하게 비싼 가격으로 되팔기 시작했습니다. 좋아하는

리셀러: 영미권에서는 스캘퍼(scalper), 일본에서는 덴바이야(転売ャー) 등의 멸칭으로 불린다.

---

21 전매(轉賣): 샀던 물건을 도로 다른 사람에게 팔아넘김.

　　10대를 위한 공짜 경제학

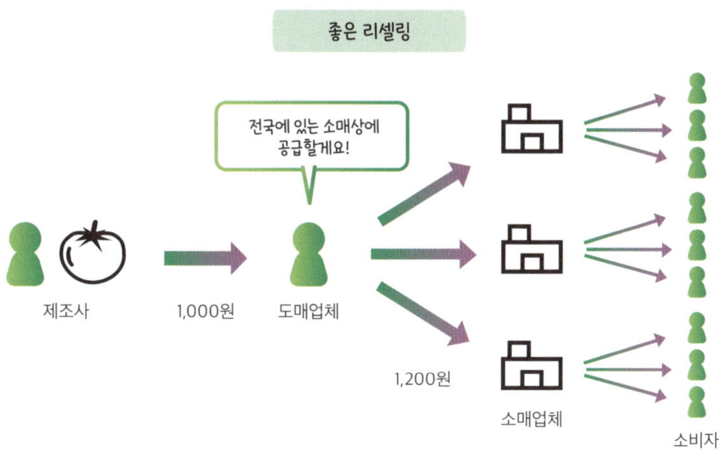

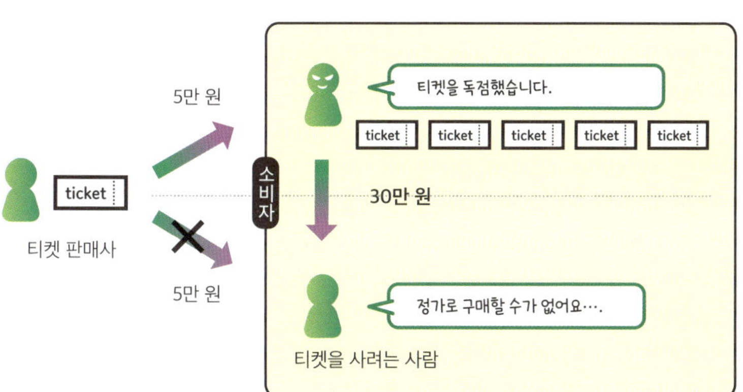

가수의 콘서트는 여러분에게 매우 가치 있어서 꼭 가고 싶을 것입
니다. 그래서 1.5배의 가격이라면 혹시 지불하려 할지도 모르겠습
니다. 하지만 너무 비싼 경우라면 포기해 버릴 수도 있습니다.

어느 경우든 간에 여러분과 리셀러 모두 처음에는 소비자였습니다. 그러나 리셀러는 재력을 바탕으로 티켓을 마구 사들인 다음, 공급자 입장이 되어 힘들이지 않고 이익을 취합니다. 다시 말해 리셀러가 수요를 독점하는 것이 문제인 것입니다.

누군가가 수요를 독점한 다음, 가격을 엄청나게 올려 공급까지 독점해 버리면 보이지 않는 손이 작용할 수 없습니다. 이처럼 수요와 공급 균형이 붕괴되는 현상을 경제학에서는 '시장 실패'라고 합니다.

◆ 왜 리셀러를 법으로 규제하기 힘들까?

악질 리셀러 대책은 크게 세 가지가 있습니다. 첫 번째 방법은 제조사가 상품을 대량으로 공급하는 것입니다. 그렇게 하면 물건을 되팔아도 의미가 없으므로 리셀러는 수요 독점을 포기할 수밖에 없습니다. 두 번째는 완전히 수주 생산을 하는 것입니다. "○○개를 구매하겠습니다."라는 구체적인 개수를 제조사에 발주해서 주문받은 수량만큼 구매하는 시스템에서도 리셀러가 수요를 독점할 수 없습니다. 세 번째 방법은 모든 사람이 리셀러가 이익을 취하게 할 수는 없다는 의식을 가지고 부당하게 높게 책정한 금액으로는 구매하지 않는 것입니다. 모든 사람이 구매하지 않는 선택을 하면, 리셀러가 가격을 낮출 수밖에 없기 때문입니다.

하지만 이런 대책들을 실제로 적용하기란 쉽지 않습니다. 게다

     10대를 위한 공짜 경제학

가 개인 리셀러보다는 막대한 자금을 가지고 조직적으로 운영하는 리셀러 업체가 대부분입니다. 그렇기 때문에 악질적인 전매 행위를 법으로 금지할 수 있다면 가장 좋을 것입니다.

악질 리셀러와 악질이 아닌 리셀러의 경계선은 대체 어디일까요? 예를 들어 여러분 집에 넓은 정원이 있다고 가정해 봅시다. 정원에 잡초가 수북하게 자라났는데, 부모님은 바빠서 풀을 뽑을 시간이 없습니다. 그래서 여러분은 부모님께 "제가 전문 업체에 잔디 정리를 의뢰할게요. 그 대신 용돈을 좀 주실래요?"라고 제안했습니다. 그래서 원래라면 가족들이 해야 하는 풀 뽑기 작업을 전문 업체에 의뢰한 다음, 용돈을 조금 받았습니다. 이 경우 역시 아주 훌륭한 리셀러 역할을 한 것입니다.

그렇다면 악질 리셀러와 악질이 아닌 리셀러의 경계선은 무엇인가요? 대단히 애매하지요. 이 경계선이 애매하기 때문에 현실 사회에서는 전매 자체를 법률로 금지할 수가 없습니다. 그 점을 빌미로 악질적인 리셀러들이 날뛰는 것입니다. 현대와 같이 경제가 진화된 사회에서는 부득이하게 법률상 회색 지대[22]가 존재하게 됩니다. 그리고 교활한 사람들은 경제 구조를 악용해 돈을 더 쉽게 벌어들입니다. 표현을 바꾸어 보자면 사회 구조나 경제 구조를 모르는 상태로 살면 속기 쉽고, 돈을 뺏겨서 양분이 될 수밖에 없다는 것입니다.

---

22 회색 지대: 그레이존. 흑백이 명확하게 구별되지 않는 애매한 상태를 가리킴.

◆ 시장 실패 ① 독점으로 인한 실패

리셀러 사례에서 알 수 있듯이 시장은 완전하지 않습니다. 시장은 때때로 실패합니다. 그렇다면 어떨 때 시장 실패 현상이 발생할까요? 대표적으로는 세 가지 경우가 있습니다. 하나씩 살펴보도록 합시다.

첫 번째는 수요와 공급을 독점해서 실패하는 경우입니다. 앞서 언급한 리셀러 예시가 바로 '수요 독점'에 해당합니다. 예를 들어 소니가 개발한 게임기 '플레이스테이션 5'는 발매 초기에 리셀러의 독점으로 인해 일시적으로 품절 사태가 발생해 구매하기가 대단히 어려웠습니다. 정가는 62만 8,000원(2025년 3월 현재 환율 상승으로 74만 8,000원으로 인상됨)이었지만 중고 거래 사이트에서는 한때 100만 원에 육박하는 가격으로 비싸게 판매하는 리셀러도 있었습니다. 이러한 수요 독점은 주변에서도 흔히 찾아볼 수 있습니다.

한편 '공급 독점'은 한 기업이 생산이나 판매 등의 공급을 독점하는 상황을 가리킵니다. 예를 들어 스타벅스에서 판매하는 프라푸치노는 상표 등록이 된 상품입니다. 다시 말해 스타벅스에서 프라푸치노라는 이름의 상표권을 취득했기 때문에, 다른 브랜드에서 아무리 흡사한 음료를 만들었다 하더라도 프라푸치노라는 이름으로는 판매할 수가 없습니다. 그렇기 때문에 스타벅스가 아닌 곳에서는 프라푸치노를 판매할 수 없고, 마시고 싶으면 스타벅스에 가야만 합니다.

스타벅스는 프라푸치노 가격 결정권을 가지고 있기 때문에 우

○ 반면 신형 기종인 PS5 프로는 높은 가격으로 인해 수요가 줄어 리셀러가 급감했다.

리는 스타벅스에서 정하는 가격으로 프라푸치노를 구매해야 합니다. 이러한 상황을 '공급 독점'이라고 합니다.

만약 "사각사각한 얼음 식감을 즐길 수 있는 음료의 이름은?"이라는 질문을 받으면 우리는 "프라푸치노!"라고 답할 것입니다. 스타벅스 프라푸치노는 이 정도로 널리 알려져 있지요. 물론 프라푸치노가 전 세계에 널리 알려진 데는 스타벅스에서 기울이는 노력과 전략 때문이기도 합니다. 하지만 세상에는 불공정한 거래나 부당한 압력을 가해 공급 독점을 노리는 사람들도 있습니다. 물론 이러한 경우에는 독점 규제법으로 처벌을 받게 됩니다.

◆ 시장 실패 ② 알았으면 안 샀을 텐데!

두 번째는 '정보 비대칭성'으로 인한 실패입니다. 극단적인 예시이기는 하지만 다음과 같은 상황이 발생하면 시장은 실패하고 맙니다.

A(판매자): 이 생선 맛있어요. 한 마리 1만 원에 가져가시겠어요?

B(구매자): 그래요? 그럼 한 마리 살까요?

A: 구매해 주셔서 감사합니다! 여기 있어요.

B: 감사합니다. 어? 생선에서 이상한 냄새가 나는 것 같은데…. 아니, 이거 상했잖아요!

A: 손님이 구매할 때 상했는지 아닌지 물어보지 않으셨잖아요!

협상을 할 때 '생선이 상했다'는 정보를 구매자인 B가 알았더라면 B는 '생선을 사지 않는다'는 판단을 내릴 수 있었을 것입니다. 하지만 판매자인 A가 가지고 있던 정보를 B는 몰랐기 때문에 '구매한다'는 잘못된 판단을 내리게 되었습니다. 이처럼 "그걸 알았으면 안 샀죠!"라는 시장 실패 사례는 우리 주변에 아주 많습니다. 예를 들어 이직 시장에서도 이런 실패 사례가 흔히 발생합니다.

A(이직하려는 기업): 우리 회사는 월급도 많고, 복지제도도 잘 되어 있습니다.

B(이직을 고려 중인 당사자): 아주 좋네요. 바로 이직하도록 하겠습니다.

(실제로 입사한 후)

B: 잔업이 한 달에 100시간이라니, 이게 어떻게 된 일입니까? 이런 이야기는 없었는데요? 악덕기업이잖아요!

이러한 시장 실패는 빈번히 발생합니다. 하지만 최근에는 정보의 비대칭성으로 인한 실패가 줄어들었다고 합니다. 인터넷 보급률이 높아지면서 언제 어디서든 스마트폰으로 정보를 손쉽게 검색해 볼 수 있게 되었기 때문입니다.

게다가 요즘은 여러 리뷰 사이트나 커뮤니티 등에서 정보 비대칭성을 대칭으로 만들기 위해 알찬 정보들을 제공하고 있습니다. 특정 가게의 평가를 알고 싶다면 후기 등 제삼자가 제공하는 정보를 체크해 본 다음에 그 가게에 방문할지를 결정할 수 있습니다. 직업, 주거지, 음식, 자동차, 여행 등 모든 시장 분야에서 옛날에 비해 정보의 비대칭성이 줄어들고 있습니다.

◆ 시장 실패 ③ 나만 이익을 보면 된다

세 번째는 '외부성(externality)'으로 인한 실패입니다. 극단적이기는 하지만 기업에서 일으키는 다음과 같은 환경 문제를 예로 살펴보도록 합시다.

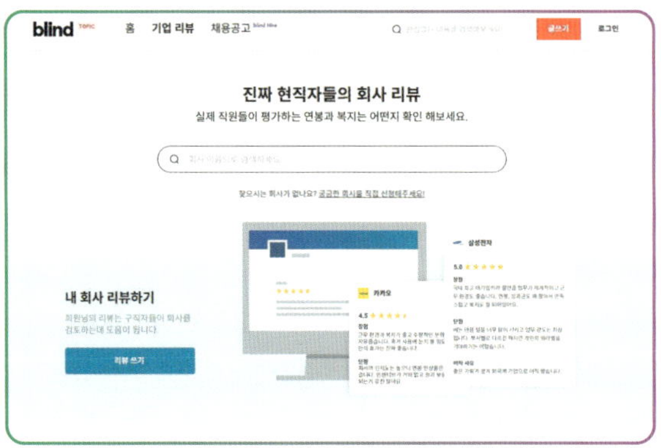

◯ 미국 팀블라인드가 운영하는 직장인 대상 익명 커뮤니티 블라인드. 이직을 위한 정보나 회사 평가를 수집하는 수단의 하나로 사용된다.

A(구매자): 이런 금속 가공 부품이 필요합니다. 가급적 싸게 만들어 주실 수 있을까요?

B(판매자): 가능합니다. 다만 이 금속을 가공하면 유해 오수가 발생합니다. 오수 처리를 하려면 금액이 상승하는데, 어떻게 할까요?

A: 오수 처리에 돈을 쓰고 싶지 않습니다. 무조건 저렴한 단가로 구매해야 하거든요.

B: 그런가요. 그러면 오수 처리를 하지 않고 싼 가격에 드리겠습니다.

이 대화 내용만 보면 협상이 순조롭게 성립된 것처럼 보입니다. 하지만 오수 처리를 하지 않은 결과로 인근 하천이 오염되어 주민들이 막대한 피해를 입고 말았습니다. 이렇게 되면 주민들이 기업을 상대로 소송을 걸 수도 있고, 기업 평판이 하락하며 큰 타격을 입게 될 가능성이 높습니다. 그렇다면 협상이 성공했다고 할 수 없겠지요.

이처럼 나만 이익을 보면 된다는 협상 때문에 결과적으로는 판매자나 구매자 이외의 사람들에게 영향이 돌아가 실패하는 경우가 소위 말하는 '외부성'입니다.

예를 들어 학년이 올라가면서 반이 바뀌었는데, 우연히 여러분 옆자리에 친한 친구가 앉았다고 가정해 봅시다. 여러분과 친구는 마음이 들떠서 수업 중이건 쉬는 시간이건 계속 수다를 떨었습니다. 이 상황은 여러분과 친구 두 사람만 놓고 보면 문제가 없어 보입니다. 하지만 주변 사람들 입장에서는 엄청난 민폐일뿐더러 시끄러워서 견딜 수가 없습니다. 외부성은 기본적으로 이와 같은 것입니다.

◆ 시장 실패가 무료 서비스에 미치는 영향

외부성은 사실 무료 서비스 비즈니스 모델과도 크게 관련이 있습니다. 뉴스에 대해 생각해 봅시다. 종이 신문을 읽으려면 구매자는 판매자에게 돈을 지불합니다. 하지만 무료 인터넷 뉴스를 읽는 경우에는 돈을 지불하지 않습니다. 그 대신 뉴스를 게재하는 웹 페이지에 광고를 싣고, 판매자는 제삼자에게 비용을 받습니다.

제삼자 모델 안에서만 생각한다면 협상이 원활히 성립한 것처럼 보입니다. 하지만 무료 서비스가 아닌 경우는 어떨까요? 젊은 사람들이 신문을 읽지 않는 현상은 변하지 않습니다. 오히려 무료 인터넷 뉴스만 읽어도 충분하니 돈을 내고 종이 신문을 살 필요가 없다고 생각하는 사람이 증가하고 있습니다. 다시 말해 제삼자 모델 이외의 경우, 종이 신문을 인쇄하는 신문사는 생각만큼 수익을 충분히 벌어들이지 못합니다. 외부성으로 인한 실패를 겪은 것입니다.

하지만 한편으로는 무료 서비스가 아님에도 착실히 수익을 내는 서비스가 있습니다. 웹툰 플랫폼을 예로 들 수 있습니다. 웹툰 앱에서는 일부 만화를 무료로 읽을 수 있습니다. 읽고 싶은 만화를 앱으로 간편히 읽을 수 있는 데다가, 원래는 유료로 읽어야 하는 만화를 무료로 읽을 수 있기 때문에 독자들로서는 대단히 반가운 서비스입니다.

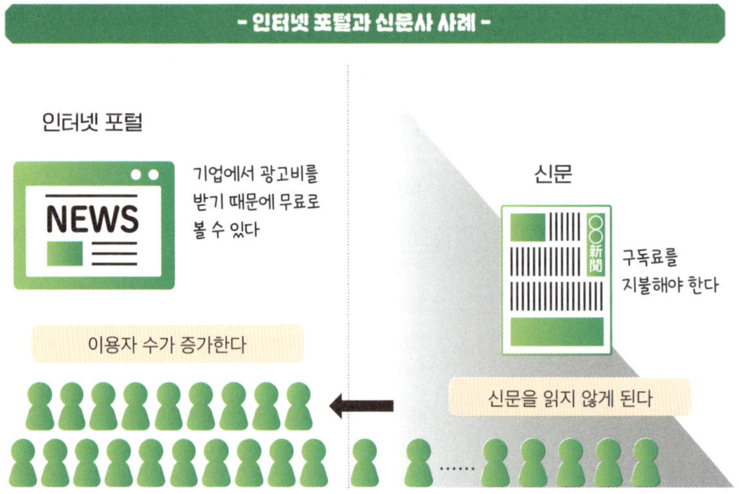

10대를 위한 공짜 경제학

○ 대표적인 한일 웹툰 서비스 네이버웹툰(왼쪽)과 간간온라인.

그 대신 연재 최신분을 읽으려면 비용을 결제해야 하거나, 완결된 작품은 유료로 제공하거나, 무료로 읽으려면 광고를 봐야 하는 등 프리미엄 서비스나 인기 캐릭터를 이용한 IP 판매를 통해 착실히 수익을 내고 있습니다. 한때 종이 매체 잡지의 폐간 등으로 사양길을 걸었지만 변화하는 시대와 주변 환경을 잘 살펴서 비즈니스 모델을 유연하게 변화시킨 결과 만화 업계는 외부성 실패를 겪지 않을 수 있었습니다.

◆ 실패에도 시장을 계속 이용하는 이유

지금까지 시장이 완전하지 않다는 점을 살펴보았습니다. 그러면 우리는 왜 완전하지 않은데도 시장을 이용하는 것일까요? 그 이유는 역사적인 배경과 관련이 있습니다. 우선 시장에서는 구매자와 판매자가 협상을 하고, 상품이나 서비스를 사거나 팝니다. 기본적으로 국가나 정부는 시장에 관여하지 않습니다. 이를 '시장경제'라고 합니다.

한편 경제 활동 수단에는 '계획경제'라는 것도 있습니다. 계획경제는 시장경제와 달리 국가나 정부가 깊이 관여합니다. 먼저 국가나 정부에서 국가적으로 이 정도 규모의 경제 성장을 이룩하겠다는 목표를 내겁니다. 그리고 "목표를 달성하기 위해 A와 B공장에서는 자동차를 생산하고, C공장에서는 의료 물품을 생산한다."처럼 구체적인 계획을 세웁니다. 그 계획에 따라 국민들이 일을 하고 경제 활동을 하는 것이 계획경제입니다.

그렇다면 시장경제와 계획경제 중에서 어느 쪽이 더 좋은 것일까요? 이 질문에 대해서 1930년경부터 1990년까지 60년 이상이나 활발한 토론이 이어졌습니다. 계획경제는 1930년대 무렵 대단히 잘 진행되는 것처럼 보였기 때문에 구(舊)소비에트 연방, 구유고슬라비아, 헝가리 등 계획경제를 추진하는 국가가 많았습니다. 하지만 이후 약 40년간 계획경제를 실시한 결과 계획대로 잘 안되기도 하고, 추진하는 데 어려움을 겪는 국가들이 계속해서 등장했습니다.

곱씹어 보면 애초에 계획한 대로 되지 않는 것이 당연할지도 모르겠습니다. 초등학생 때 방학 숙제를 떠올려 봅시다. 여러분이 계획한 대로 잘 진행되었나요? 처음에는 의욕에 넘쳐 열심히 하

　　　　　　　10대를 위한 공짜 경제학

려고 했는데 갑자기 일정이 생기거나, 생각지도 못했던 문제가 생겨서 계획대로 잘 진행되지 않았을 것입니다. 대부분 이런 경험을 해 보지 않았나요?

국가에서 추진하는 계획경제쯤 되면 관련된 사람 수가 수백만 명부터 수억 명에 이릅니다. 혼자서 세운 계획도 실천하기 쉽지 않은데 수백만 명이나 되는 사람들이 연관된 일을 계획대로 진행하기란 훨씬 어려울 것입니다. 그러한 이유로 현대에는 시장경제를 도입한 국가가 많습니다. 물론 지금까지 이야기한 것처럼 시장은 완전하지 않습니다. 하지만 계획경제보다 낫다는 이유로 우리는 때때로 실패하기도 하는 시장을 이용하는 것입니다.

◆ 일하는 사람이 판매자가 되는 노동시장

시장에서는 소비자인 우리가 구매자이고 기업이 판매자인 것처럼 보입니다. 하지만 우리가 판매자가 되는 경우도 있습니다. 바로 노동시장에서 그렇습니다. 노동시장에서는 기업이 구매자로 노동력을 구하고, 우리는 판매자가 되어 노동력을 공급합니다. 우리는 상품이나 서비스 관점에서는 수요 측이지만 노동력이라는 관점에서 보면 공급 측이 되는 것입니다. 기업은 우리가 공급하는 노동력을 얻는 대신 우리에게 급여를 지불합니다. 그리고 우리는 받은 급여로 기업에서 공급하는 상품과 서비스를 구매합니다. 세상은 이런 원리로 돌아가는 것이지요. 그렇다면 노동시장에서도

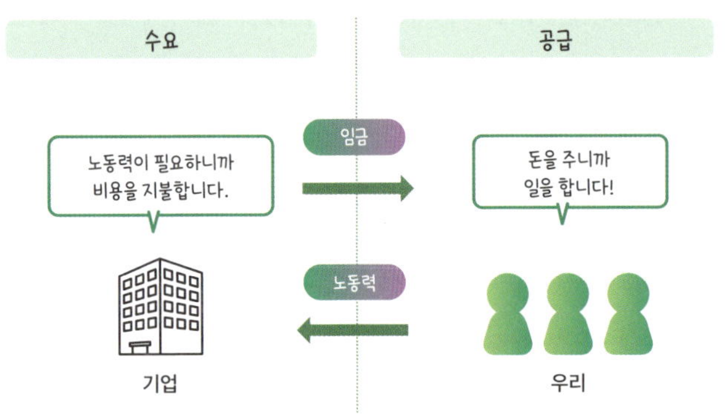

과연 이 책의 주제처럼 무료 서비스 비즈니스 모델이 성립할까요?

'무료 노동'은 불가능합니다. 법률로 금지되어 있기 때문입니다. 노동력의 수요와 공급은 근로기준법[23]이라는 법률에 따라 금지하는 사항이 엄격하게 정해져 있습니다. 우리 같은 일반 시민이 기업에서 일하는 경우, 법률로 보호받기 때문에 기본적으로는 무급으로 일을 시킬 수 없습니다. 급여도 최저 시급이 정해져 있기 때문에 그보다 적은 금액으로 고용하는 것은 위법입니다.

◆ 무료 노동을 잘 활용하면 돈을 벌 수 있다

앞서 무료 노동은 존재하지 않는다고 언급했습니다. 한편, 무

---

[23] 근로기준법: 급여나 근로 시간 등, 노동 조건에 대해 규정하는 법률.

  10대를 위한 공짜 경제학

료 비즈니스 모델을 사용해서 1만 원의 급여를 2만 원, 3만 원으로 부풀리는 것은 가능할까요?

만약 제가 어떤 연예인의 매니저로 고용되었다고 가정해 봅시다. 저는 그 연예인과 노동 계약을 할 때 다음과 같은 조건을 제시했습니다. "공짜로 일을 할게요. 매니저 월급은 전혀 받지 않겠습니다. 24시간 언제든지 필요할 때 불러 주세요. 얼마든지 일하겠습니다. 대신 당신이 촬영을 할 때 제가 함께 일하는 모습이나 업무 내용을 유튜브로 방송하게 해 주세요. 그리고 유튜브에서 얻은 광고 수익 전부를 제가 가져가겠습니다."

이건 일종의 프리미엄 비즈니스 모델입니다. 보수를 받지 않고 일하는 건 있을 수 없습니다. 그건 당연한 것입니다. 하지만 조금 유연하게 생각해 봅시다. 무료 서비스 비즈니스 모델을 적용해서 우리가 받을 수 있는 보수를 결과적으로 증가시키는 방법이 있을 것 같지 않나요?

예를 들어 여러분이 바빠 보이는 할아버지를 도와드리고 싶어서 할아버지 방을 청소했다고 생각해 봅시다. 여러분의 노동력을 할아버지에게 공급한 것이지요. 그래서 할아버지가 여러분에게 용돈으로 1만 원을 주셨습니다. 여기서 여러분이 1만 원을 받으면 할아버지와 여러분 사이의 협상이 성립합니다. 그런데 여러분은 "할아버지에게는 돈 안 받을래요. 그냥 도와드린 거면 충분해요."라며 1만 원을 받지 않았습니다.

대신 여러분은 집에 돌아가서 아빠와 엄마에게 이렇게 말했습니다. "바쁜 엄마, 아빠 대신 제가 할아버지 방을 깨끗하게 청소했어요. 그러니까 용돈으로 3만 원 주세요." 여러분의 부모님은 '우리는 할아버지 방을 청소해 드리지 못했는데, 손자에게 청소를 시켜서 할아버지도 민망했겠는걸' 하는 생각이 들었습니다. 그래서 좀 많이 준다고 생각하면서도 협상에 응해 여러분에게 3만 원을 주었습니다. 이때 여러분은 제삼자 모델을 사용해서 같은 노동력을 가지고 1만 원의 3배인 3만 원을 손에 넣은 것입니다.

이렇게 생각해 보면 노동시장에서도 무료 비즈니스 모델을 수단 중 하나로 사용할 수 있다는 점을 알 수 있습니다. 자신의 노동력을 단순히 '시급 ○○원'으로 한정 짓지 않고 현명한 수단을 활용하는 다양한 방법을 떠올려 보면 보수도 늘릴 수 있습니다.

◆ 개인정보 같은 데이터도 돈이 된다

우리가 시장에 공급할 수 있는 것은 힘과 시간, 기술과 같은 노동력뿐만이 아닙니다. 개인정보 같은 데이터도 공급이 가능합니다. 시장에 데이터를 공급하는 대가로 우리는 데이터를 필요로 하는 기업에서 돈을 받을 수 있습니다. 예를 들어 학생 여러분도 각종 포인트 적립 기능을 사용한 적이 있을 것입니다. 포인트는 기업 측에서 고객에게 감사를 표하려 제공하는 것이 아닙니다. 공짜로는 포인트나 돈을 받을 수 없습니다. 포인트를 받으려면 '10대 여성은 주로 어느 시간대에 매장을 방문하는가?' '10대 남성이 해당

　　　　　　　　　　　　10대를 위한 공짜 경제학

매장에서 어떤 물건을 구매했나?' 같은 구매 내역을 기업 측에 제공해야 합니다. 그러면 기업은 왜 포인트(돈)를 지불하면서까지 데이터를 수집하는 것일까요?

결론부터 말하자면 고객 데이터 수집은 마케팅에 반드시 필요한 일이기 때문입니다. 마케팅에 대한 자세한 설명은 4부에서 확인할 수 있습니다. 인터넷이 지금처럼 사회에 널리 보급되기 이전에 광고란 텔레비전 CF(광고 영상물) 같은 방식으로 대중에게 호소하는 수단이 대부분이었습니다. 텔레비전에서 흘러나오는 CF는 어린이부터 노인에 이르기까지 대부분의 사람이 봅니다. 그렇기 때문에 막대한 예산이 필요하지요. 텔레비전 CF 한 편을 제작, 방영하는 것은 수억 원이 드는 엄청난 마케팅입니다.

다만, 여중생 대상의 광고를 제작했다 하더라도 대중매체인 텔레비전으로 방영하는 경우라면 시청자의 연령이나 타입을 선별해서 광고를 내보낼 수 없습니다. 다시 말해 텔레비전 CF는 타깃으로 한 시청자에게 방영될 확률이 그다지 높지 않습니다. "10억 원을 들여서 텔레비전 CF를 촬영해 100만 명 정도 되는 사람들에게 상품을 노출시켰습니다. 그리고 그중 1만 명이 상품을 구매했습니다."라고 할 경우, 단순히 계산하면 상품을 구매한 사람 1명당 10만 원의 광고료를 들였다는 결론이 됩니다.

반면 인터넷이 발달한 현대 사회에서는 수집한 데이터를 활용해 목표한 타깃에게 정확하게 광고할 수 있습니다. 다시 말해 디지털 광고는 해당 제품을 구매할 확률이 높은 사람에게 홍보 내용을 정확하게 제공할 확률을 비약적으로 높였습니다. 그러므로 "5억 원을 사용해서 겨우 10만 명에게 상품을 소개했지만, 그중 2만 5,000명이 상품을 구매했다."라는 결과를 낼 수 있게 된 것입니다. 이 경우 단순 계산을 해 보면 상품을 구매한 사람 1명당 광고비를 2만 원만 사용한 셈이 됩니다.

디지털 광고는 지금까지 주류였던 텔레비전 CF와 비교해 보면, 진입하기가 어렵게 느껴질 수 있습니다. 하지만 그 대신 목표로 한 대상에게 정확하게 전달될 확률이 높기 때문에 결과적으로는 더 확실하게 상품을 구매하도록 유도할 수 있습니다. 그리고 이러한 광고 시스템을 구축하기 위해서는 소비자 데이터가 반드시 필요합니다. 기업에서 필요로 하는 데이터를 제공하는 대신에 소비자는 포인트를 받습니다. 모든 기업이 이러한 서비스를 도입하

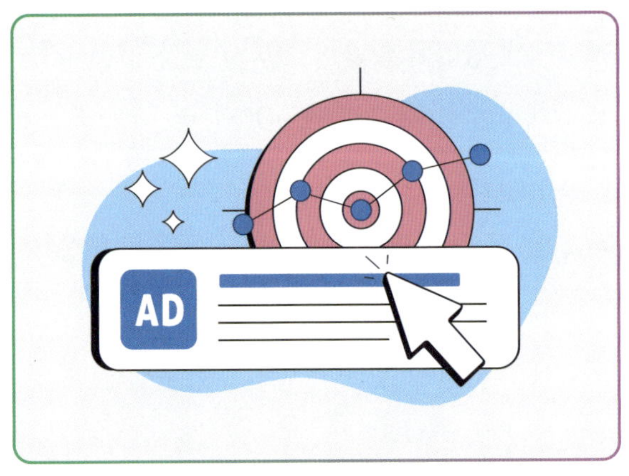

○ 디지털 광고는 사용자의 취향이나 연령, 성별 등을 고려해 최적화된 광고를 제공할 수 있다.

　10대를 위한 공짜 경제학

면 어떻게 될까요?

공상 과학 같은 느낌이 들긴 하지만 저는 '데이터를 제공하기만 하면 생활이 가능한 세상'이 실현될 수도 있지 않을까 하는 생각을 2000년 즈음부터 계속하고 있습니다.

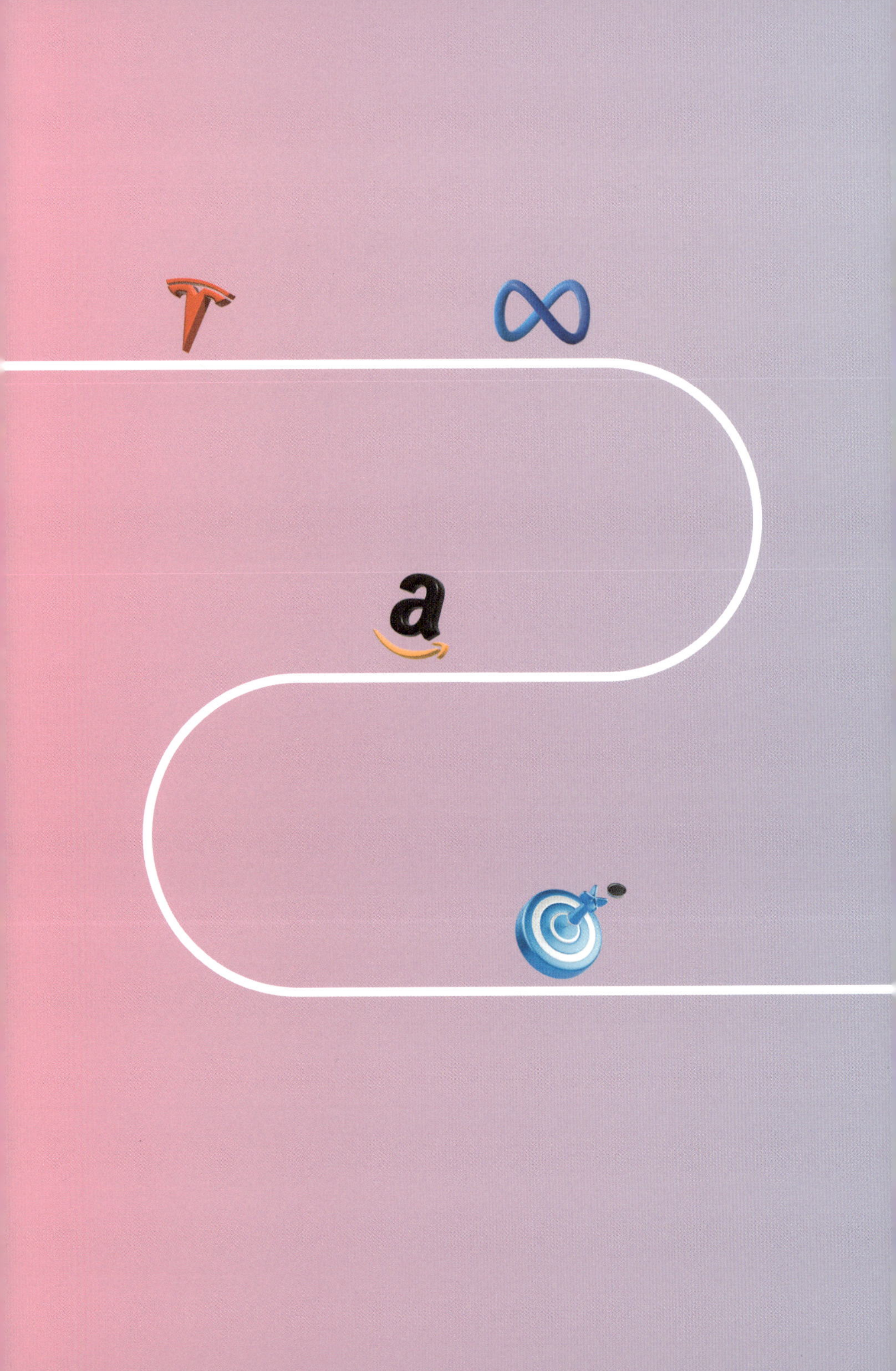

학생들에게도 마케팅 지식이 필요한 이유

◆ 마케팅이란 무엇일까?

3부 마지막 부분에서도 잠깐 등장했던 '마케팅'이라는 단어는 대체 무슨 뜻일까요? 마케팅은 원래 3부에서 다룬 '시장'에 어원을 둔 단어입니다. 마켓(market, 시장)에 진행형인 ing를 붙여서 마케팅(marketing)이라는 단어가 만들어졌습니다. 이런 방식으로 만들어진 단어는 꽤 많습니다. 예를 들어 네임(name, 이름)에 ing를 붙인 네이밍(naming)은 "이름을 붙이다."라는 의미입니다. 에이지(age, 나이)에 ing를 붙인 에이징(ageing)은 "나이를 먹다, 나이를 먹어 노년이 되다."라는 의미가 있습니다.

이렇게 생각해 보면 마케팅에는 어떤 뜻이 있을까요? 시장을 만든다? 장사를 한다? 혹은 협상을 진행하는 중이라는 뜻일까요? 마케팅은 이 모두를 포함해 복합적인 의미를 담고 있어서, 한마디로 정의하기가 쉽지 않습니다. 다만 마케팅을 엄밀히 정의하자면 다음 여섯 가지 요소를 만족시키는 행위를 가리킵니다.

① 소비자의 니즈(욕망이나 욕구)를 이해하고

② 소비자가 원하는 가치를 충족시키는 상품이나 서비스를 개
   발하여

③ 적절한 가격으로

④ 적절한 장소에서 구매할 수 있도록

⑤ 소비자의 구매를 촉진하기 위한 공정이나 시스템을 만들고

⑥ 소비자와 관계를 구축하는 것

이 정의를 보고 어디서 본 것 같다는 느낌이 든 사람도 있을 것입니다. 그렇습니다. 1부에서 살펴보았던 비즈니스의 정의와 비슷하지 않습니까? 비즈니스란 ① 누군가에 대해 ② 특정한 가치를 ③ 어딘가에서 조달, 창조, 제공해서 ④ 수익을 내는 행위입니다. 기업은 소비자의 니즈를 파악해서 소비자가 추구하는 가치를 충족할 수 있는 상품이나 서비스를 제공해 소비자의 구매를 촉구하고 이익을 창출합니다.

마케팅 역시 비슷한 의미를 내포하고 있습니다. 비즈니스와 마찬가지로 기업이 이익이나 수익을 창출하는 법을 표현한 것입니다. 실제로 비즈니스와 마케팅은 거의 비슷하다고 말하는 사람도 많습니다. 다만 비즈니스와 마케팅은 관점이 조금 다릅니다. 소비자와 가치를 교환해서 대가로 비용을 받는다는 점은 동일하지만, 비즈니스의 정의에는 소비자라는 표현이 어디에도 등장하지 않습니다. 다시 말해 비즈니스는 철저히 '기업 관점에서 수익을 얻는

○ 시장조사, 상품화 계획, 판매촉진, 선전 등 생산자와 소비자의 희망을 결합해서 능률적인 공급을 하는 것이 현대 마케팅이다.

법'을 기술한 것입니다.

한편 마케팅의 정의에는 소비자라는 표현이 종종 등장합니다. 소비자의 관점을 염두에 두고 있는 것입니다. 다시 말해 마케팅은 고객 관점을 의식하고 있으며 '고객의 입장에 서서 수익을 내는 법'이라고 할 수 있겠습니다.

◆ 고객과의 관계 구축이 쉬워진 세상

여러분은 어떤 문구류를 사용해 본 다음 '이거 정말 마음에 드는데!'라고 생각했다면 다음번에도 같은 제품을 다시 사기로 결정할 때가 많지 않나요? 소비자들에게 상품이나 서비스를 제공하고 먼저 사용해 보게 한 다음 앞으로도 계속 사용하게 만드는 것,

10대를 위한 공짜 경제학

이러한 일련의 흐름을 기업에서는 "소비자와 관계를 구축한다."라고 표현합니다.

최근 들어 기업은 소비자와 관계를 구축하는 것을 매우 중요하게 여기는 경향이 강해졌습니다. 원래는 앞서 예로 든 ①부터 ⑤까지가 마케팅이라고 생각하는 기업이 많았지만, 최근에는 마케팅의 여섯 번째 요소로 소비자와의 관계 구축을 추가하는 경우가 많아졌습니다. 왜 최근 들어 기존의 다섯 가지 요소에 한 가지가 더 추가된 것일까요? 답을 먼저 말씀드리자면 상품이나 서비스를 판매하기가 어려워졌기 때문입니다.

3부에서도 언급한 것처럼 고도 경제 성장기 무렵과는 달리, 지금은 일상생활에서 발생하는 곤란한 일이나 도저히 해결이 불가능한 고민이 아주 한정적입니다. 소비자의 욕구나 욕망을 파악하기가 점점 더 어려워지고 있습니다. 그렇게 되면 '공급 우선'으로 상품이나 서비스를 제공하는 기업은 더욱 어려움을 겪을 것입니다. 게다가 경기가 나빠졌기 때문에 소비자들이 지갑을 닫아 버리게 되었습니다. 잘나가던 기업들도 자연히 '신규 고객은 물론이고 한 번 구매한 적이 있는 고객이 다시 구매하게 하려면 어떻게 해야 할까'를 고민할 수밖에 없게 되었습니다.

그렇다고는 하지만 인터넷이나 스마트폰 사용이 확산되기 전에는 한 번 구매했던 고객이 누구인지 파악하지 못했습니다. 그 당시까지는 기업에서 상품을 구매한 고객 데이터를 거의 확보하지 않았기 때문입니다. 하지만 그 후 인터넷이 널리 사용되면서 모든 것이 디지털화되기 시작했고, 상황이 극적으로 달라졌습니다. 성인 1명이 1대 이상의 스마트폰 기기를 보유하기 시작한 2010년대 중반부터 특히 그렇습니다. 예를 들어 어디에 사는 누가 어떤 물건을 구매했나 하는 정보를 파악하기가 쉬워졌기 때문에, (카카오톡 같은) 메시지 앱으로 채널을 등록한 고객에게 "이 제품이 마음에 드셨나요? 한 번 더 구매해 보시면 어떨까요?" "신제품이 발매되어 소개합니다." 등의 메시지를 직접 보낼 수 있게 되었습니다. 정말 쉬운 표현으로 말하면, 기업이 소비자에게 "좀 더 가까운 관계가 되었으면 좋겠습니다."라고 말하기 쉬운 세상이 된 것입니다.

◆ 고객의 시선으로 생각하기란 쉽지 않다

여러분은 학교에서 친한 친구들과 함께 시간을 보내다 보니, 어느새 친구들과 생각까지 비슷해져 버린 경험을 한 적이 있나요? 그런데 이것은 사실 어른들도 마찬가지입니다. 회사에서 일하면서 상품과 서비스를 생산하다 보면 자신도 모르게 기업의 시선에서 생각하게 되어 소비자의 니즈를 잊어버리는 경우가 많습니다. 원래라면 "소비자가 무엇을 원할까?" "사실은 이런 것을 원하는 게 아닐까?" 하고 생각해야 하지만, "우리 회사에서는 이런 상품을 만들어 보고 싶다."라고 해 버리는 것입니다. 앞서 비즈니스는 기업 시선에서 수익을 내는 방법이며, 마케팅은 고객 시선에서

　　　　　　　　　　10대를 위한 공짜 경제학

수익을 내는 방법이라는 이야기를 했습니다. 하지만 고객의 시선에서 생각하기란 꽤나 어렵습니다.

기업들은 소비자의 존재를 잊어버리곤 합니다. 이 점을 마케팅 분야에서는 흔히 드릴과 조립용 구멍에 비유합니다. 여러분이 방 구조를 바꾸려고 계획하다 보니, 책과 물건들을 깔끔하게 배치해 둘 선반이 필요해졌다고 생각해 봅시다. 방 크기에 딱 맞는 사이즈의 선반이 필요해서 DIY[24]를 하기로 했습니다. 마트에 가서 선반용 나무판자를 골랐는데, 판자에는 선반을 조립하기 위한 구멍이 뚫려 있지 않았습니다. 그래서 선반에 구멍을 뚫을 드릴도 사려고 찾아보기 시작했습니다.

여기서 질문을 하나 드리겠습니다. 여러분이 원하는 건 드릴인가요? 아니면 조립할 구멍인가요? 여러분이 필요한 건 선반을 조립하기 위한 구멍입니다. 드릴은 어디까지나 구멍을 뚫기 위한 수단일 뿐입니다. 하지만 드릴 제조사나 드릴 판매사에서는 상품이나 서비스에 대한 아이디어를 낼 때 흔히 기업 관점에서 생각해 '고객이 필요한 건 드릴'이라고 착각합니다. 그렇게 되면 고객이 필요하지 않는 부분에 비용을 지출하고 맙니다. 이런 착각은 일상생활 곳곳에 숨어 있습니다.

예를 들어 '판매처'라는 표현에 대해 생각해 봅시다. 냉정하게

---

24 DIY: 두 잇 유어셀프(Do It Yourself)의 약자로 전문가가 아닌 사람이 직접 가구를 만들거나 벽지를 새로 도배하는 등 특정 기술을 자신이 직접 배워 처리하는 것을 의미한다.

생각해 보면 판매처라는 표현이 좀 어색하지 않나요? 판매처는 기업 입장의 표현이고, 사실은 고객이 상품이나 서비스를 구매하는 장소입니다. 즉 판매처는 고객이 주역이 되어야 하는 장소입니다. 그렇기 때문에 일부 식품 음료 제조사에서는 판매처가 아니라 고객을 주어로 한 '구매처'라는 표현을 사용합니다. 단순히 표현을 바꾼 것일 뿐이지만 판매처라는 표현을 사용하면 자연스레 상품을 판매하는 편의점이나 제조사를 떠올리게 되지 않나요? 구매처라는 표현을 사용하면 구매자인 고객에게 시선을 옮길 수 있습니다.

한때 틱톡 라이브 판매라는 표현이 유행한 적이 있습니다. 이 역시 기업 시선에서 바라본 표현입니다. 원래라면 틱톡 라이브 구매라고 해야 하지 않을까요? 틱톡 라이브 판매라고 하면 기업에 시선이 가게 되고, 틱톡 라이브 구매라고 하면 소비자에게 시선이 향하게 됩니다. 단어 하나 차이라고는 하지만 기업 시선에서 바라보는 것과, 소비자 시선에서 바라보는 것은 생각이 180도 달라집니다. 그런 의미에서 고작 단어 하나 차이이지만 그만큼 중요한 것입니다.

◆ 스타벅스가 파는 건 커피가 아니라고?

고객이 정말 필요로 하는 것이 드릴인 경우도 있고, 조립용 구멍인 경우도 있습니다. 이 점은 "기업은 자사에서 제공하는 서비

　10대를 위한 공짜 경제학

스뿐만 아니라 고객이 원하는 가치에 주목해야 한다."라고 바꾸어 말할 수 있습니다. 앞서 언급한 드릴과 조립용 구멍의 이야기를 가지고 생각해 봅시다. 만약 드릴을 제조, 판매하는 기업에서 고객이 원하는 가치에 집중한다면, 지금 판매하고 있는 드릴 이외의 서비스로 생각의 폭을 넓힐 수 있을 것입니다. 간단하게 조립할 수 있는 선반 키트나 선반 조립 서비스를 제공한다면 구매자들에게 더 매력이 있지 않을까요? 고객에게 계속 선택받기 위해서는 지금 제공하고 있는 서비스는 가치를 전달하기 위한 수단 중하나임을 아는 것이 중요합니다.

스타벅스를 보면 이 점을 쉽게 이해할 수 있습니다. 스타벅스하면 제일 먼저 떠오르는 키워드는 '커피'일 것입니다. 하지만 스타벅스에서는 커피뿐만 아니라, 홍차나 프라푸치노처럼 커피가들어 있지 않은 음료, 디저트, 샌드위치 같은 가벼운 식사 등 다양한 메뉴를 판매합니다. 스타벅스에서 판매하는 가치는 커피라는단순한 상품이 아닙니다. 스타벅스는 집이나 직장이 아닌 제삼의장소, 즉 느긋하게 시간을 보낼 공간을 판매하고 있습니다. 그렇게 생각해 보면 커피만 판매할 필요는 없겠지요.

인터넷상으로 드라마나 영화를 시청할 수 있는 OTT 서비스넷플릭스 역시 마찬가지입니다. 미국 기업인 넷플릭스는 처음에DVD를 대여하는 체인점으로 시작했습니다. 하지만 인터넷 사용이 확산되면서 인터넷으로 동영상을 볼 수 있는 스트리밍 서비스에도 힘을 쏟기 시작했으며, 지금은 넷플릭스 오리지널 작품도 활

🔵 기존 영화를 스트리밍하는 방식에서 오리지널 독점 콘텐츠를 제공하는 형식으로 진화한 넷플릭스.

발히 제작하고 있습니다. 넷플릭스 역시 현재 제공하고 있는 서비스에 생각을 한정 짓지 않고, 고객이 원하는 가치를 고려해 서비스를 바꾸기도 하고 분야를 넓히기도 했기 때문에 지금처럼 거대한 기업으로 성장할 수 있었습니다.

카카오웹툰이나 네이버웹툰도 마찬가지입니다. 종이 매체가 급감하는 시대임에도 불구하고 소비자에게 오락을 제공하겠다는 가치에 집중해 '오락을 제공할 수 있다면 종이든 디지털이든 상관없지 않을까'라고 유연하게 생각한 결과, 제공 수단을 늘릴 수 있었습니다. 기업에서 현재 제공하고 있는 상품이나 서비스에 집중하는 것 자체가 나쁘지는 않습니다. 다만 지금의 상품과 서비스에만 집중하는 경우와 그에 더해 고객이 요구하는 가치에 집중하는

지의 여부에 따라 기업이 판매하는 상품과 서비스는 크게 달라질 것입니다.

◆ 어느 시대나 변덕스러운 고객

소비자는 변덕스럽고 제멋대로입니다. 게다가 2부에서도 말한 것처럼 어떤 상품이 유행하거나 몰락하는 식의 급격한 변화는 아무도 예측할 수 없습니다. 급격한 변화가 일어나면 고객이 요구하는 가치에 집중하는 기업들은 제공하는 가치를 고객에게 맞춰 계속 바꿔 나가야 하기에 큰 어려움을 겪게 됩니다.

예를 하나 들면 일본 후지필름의 '우츠룬데스'라는 일회용 카메라가 있습니다. 우츠룬데스는 편리하고 새로운 일회용 카메라라는 가치로 엄청난 인기를 끌어 1990년대 전반에 날개 돋친 듯 팔려 나갔습니다. 하지만 2000년대 들어 휴대폰에 카메라 기능이 포함되면서 사진은 휴대폰으로 찍으면 된다는 생각이 보편화되었습니다. 그러자 우츠룬데스 판매량이

○ 레트로 감성으로 MZ세대에게 인기를 얻은 일회용 카메라 우츠룬데스.　© 후지필름

급속도로 줄어들었습니다.

하지만 2018년에 상황이 또 바뀌었습니다. 10대와 20대를 중심으로 다시 우츠룬데스를 찾는 소비자가 늘어난 것입니다. 그 이유는 스마트폰이 발달하면서 카메라 성능이 너무 좋아져 버렸기 때문이었습니다. 화질이 너무 좋으면 멋이 없고, 우츠룬데스가 가지고 있는 레트로 감성이 좋으며, 약간 불편한 듯해서 오히려 좋다는 이유로 우츠룬데스가 또다시 급격하게 유행을 타기 시작했습니다. 예전에는 불편하니까 싫다고 하던 소비자들이 20년 후에는 불편한 점이 좋다고 하는 것입니다.

소비자는 이렇게나 변덕스럽습니다. 소비자들은 제조사의 변화보다 더 빠르게 변합니다. 그렇기 때문에 고객의 변화에 계속 따라갈 것인가 하는 문제는, 고객이 요구하는 가치에 중점을 둔 기업이 직면하는 한 가지 큰 주제라고 할 수 있습니다.

◆ 기업에 마케터가 필요한 진짜 이유

그렇다면 기업은 변덕스러운 고객의 필요를 어떻게 파악할 수 있을까요? 사실 필자와 같은 마케터라 불리는 직업을 가진 사람들이 상품과 소비자의 니즈를 파악하는 열쇠를 쥐고 있습니다. 기업은 상품이나 서비스를 고안할 때 아마도 이런 사람들이 구매할 것이다, 이런 사람들은 구매하지 않을 것이다, 하는 대략적인 대상을 설정합니다. 하지만 안타깝게도 이러한 예측은 큰 의미가 없습니다. 왜냐하면 구매할 것이라고 예상했던 사람들이 실제로 구매하면 예상이 적중한 것이고, 구매 예상 범주 밖의 사람들이 구매하지 않으면 그 또한 예상이 적중한 것이 됩니다. 그러니까 예상과는 달라진 것이 없습니다.

반대로 구매를 예상했던 사람들이 구매하지 않거나, 구매하지 않을 거라 예측했던 사람들이 구매하면 '이유가 뭐지?'라고 생각하게 됩니다. 하지만 처음에 한 예측을 가지고는 이유를 알 수 없습니다. 왜 구매하지 않았나, 왜 구매했나는 고객에게 직접 물어보아야 파악할 수 있지요. 그렇다면 어떤 방법으로 고객에게 이유를 물어볼 수 있을까요? 바로 '마케팅 리서치'라는 조사를 실시합니다.

마케팅 리서치 방법은 의외로 간단합니다. 고객에게 일상적으로 구매하는 상품이나 고객의 생각을 물어본 다음, 그 결과를 자사에서 개발한 상품이나 서비스에 반영합니다. 다만 구매할 것이라 예상했지만 구매하지 않은 고객에게는 왜 구매하지 않았는지를 묻거나, 구매할 것이라 예상하지 않았지만 구매한 고객에게 왜 구매했는지를 물어보는 것은 마케팅 리서치가 아닙니다.

예를 들어 여러분이 편의점에 가서 콜라를 산다고 생각해 봅시다. 그때 왜 제로콜라로 구매하지 않았는지, 왜 환타를 선택하지 않았는지를 누군가 물어보면 정확히 답할 수 있을까요? "글쎄요…." "그냥 샀는데요…." "이유는 딱히 없어요." "그냥 마시고 싶어서요."라는 대답만 돌아오지 않을까요? 콜라를 산 이유를 말하

○ 편의점에서 수많은 음료 종류를 하나하나 비교해 가며 사는 사람은 드물 것이다.

기는 쉽지만 다른 음료를 사지 않은 이유를 말하기는 어렵고, 심지어 다른 상품과 하나씩 비교하면서 설명하기란 의외로 어려운 일입니다.

왜냐하면 우리는 보통 ○○니까 살래, ○○니까 안 살래라는 이유 하나하나를 깊게 생각하지 않습니다. 사실 아주 직관적으로 0.1초 만에 이건 좀 그래, 이게 마음에 드네, 하고 결정하고 선택하기 때문입니다. 하지만 그런 대답으로는 기업에서 고객의 목소리를 상품이나 서비스 개발에 반영하기가 어려울 것입니다. 그래서 마케터라고 불리는 직업이 등장합니다. 일일이 깊게 생각한 건 아니라는 소비자의 생각을 전문적으로 조사해서 "이런 이유로 구매하지 않았다."라고 논리적으로 설명하는 것이 마케터의 역할입니다. 마케터는 소비자가 특정 상품을 구매하지 않은 이유와 구매한 이유를 구체적으로 풀어서 설명하는 직업입니다.

10대를 위한 공짜 경제학

◆ 에너지 음료의 라이벌이 스타벅스?

소비자가 0.1초 만에 판단을 내리는 이면에 있는 생각을 샅샅이 파헤치는 것이 마케터의 일입니다. 달리 말하면 "소비자는 실제로 무엇을 구매하고 있는가?"를 파악하는 것이 마케팅 리서치에서 아주 중요한 부분을 차지합니다.

알기 쉬운 예로 과거에 한 기업에서 저에게 에너지 음료[25]를 분석해 달라고 요청했습니다. 이제 그 방법을 소개해 보겠습니다. 에너지 음료를 사서 마시는 사람들은 왜 그 기업의 에너지 음료를 선택했을까요? 각성 효과가 높은 유효 성분이 많이 포함되어서일까요? 좋아하는 연예인이 광고하기 때문일까요? 혹은 다른 에너지 음료보다 맛이 있어서일까요? 이 점을 조사할 때 경쟁 업체의 에너지 음료와 비교하는 것 외에 또 다른 중요한 사항이 있습니다. "이 에너지 음료는 다른 어떤 상품군과 비교될까?"를 고려하는 것입니다.

여러분 생각에는 과연 어떨 때 에너지 음료를 마시고 싶어질까요? 어른들은 일을 하다가 좀 피곤한데 힘을 내야 할 때 또는 오늘 하루를 헤쳐 나가기 위해서 활력을 불어넣으려고 마십니다. 그럴 때 에너지 음료 말고 또 어떤 선택지가 있을까요? 조사를 해 보니 의외의 사실을 알게 되었습니다. 일부이긴 하지만 "이걸 마시고 남은 회의도 힘내야지." 하며 자신에게 활력을 불어넣을 때,

---

25 에너지 음료: 카페인이나 비타민 등이 포함된 탄산음료. 흔히 피로 회복이나 졸음 방지 효과가 있다.

🔵 마케팅의 필요성을 알려주는 적절한 일례.

혹은 "오늘 하루 열심히 살았네."라며 자신에게 상을 주려 할 때 스타벅스 커피를 마신다는 사람들이 있다는 사실을 알게 되었습니다. 에너지 음료와 스타벅스 커피. 상품이라는 관점에서 보면 이 두 가지는 전혀 다른 카테고리로 분류됩니다. 다시 말해 고객이 진정으로 필요로 하는 것, 고객이 실제로 구매하는 것이라는 관점으로 살펴보면 에너지 음료의 진정한 경쟁 상대를 파악할 수 있습니다.

조사를 의뢰한 기업 측에 결과를 전달하자 "에너지 음료 경쟁 상대로 스타벅스 커피를 언급한 사람들이 있다고요?"라며 깜짝 놀라는 반응을 보였습니다. 진정한 라이벌은 비슷한 상품이나 서비스에 국한되지 않습니다. 중요한 점은 '생각지도 못했던 니즈'를 빠트리지 않는 것입니다. 이 또한 시장을 읽는 마케터의 필수 역할 중 하나입니다.

10대를 위한 공짜 경제학

◆ 소비자의 본심은 행동에 드러난다

여러분은 좋아하는 사람에게 일부러 싫어한다고 말한 적이 있나요? 다른 사람들에게 맞추다 보니 생각지도 않은 말을 해 버린 경험은요? 어떤 경우든, 말로는 무엇이든 할 수 있습니다. 그런 의미에서 말은 그다지 신용할 수 없지요. 이러한 이유로 소비자의 본심을 파악하는 것은 정말 어렵습니다. 기업에서 마케팅에 종사하는 사람들은 고객의 속마음을 알아내기 위해 엄청난 시간과 노력을 기울입니다. 그러나 아무리 거짓말을 하거나 얼버무리려 해도 마음을 속일 수는 없습니다. 말과 마음이 대립하는 경우, 신기하게도 마음은 행동에 드러납니다.

그래서 마케팅에 종사하는 사람들은 말이 아니라 행동을 관찰합니다. 예를 들어 친구가 여러분에게 "하굣길에 디저트 먹으러 가자."라고 말했다고 합시다. 마음 같아서는 가고 싶지만, 사실 다이어트를 하고 있어서 단것은 절대로 먹으면 안 된다는 규칙을 세워 둔 상황이었지요. 그래서 여러분은 조금 망설이다가 "음, 오늘은 안 될 것 같아."라고 거절하기로 결심했습니다. 이때 여러분의 친구가 타인의 행동을 유심히 관찰하는 유형이라면 다음과 같이 말해서 여러분의 마음을 흔들 수도 있습니다. "날씬하기로 유명한 연예인 ○○도 이 디저트는 매일 먹는대!" "한정 판매 디저트라서 지금 안 가면 못 먹을 텐데…"

얼핏 보면 둘 다 평범한 문구입니다. 하지만 "날씬하기로 유명한 연예인 ○○도 매일 먹는 디저트라니까?"라는 말을 들으면,

이 디저트라면 먹어도 살이 안 찔 것 같다며 마음이 조금 흔들리지 않나요? 또는 "기간 한정 디저트라서 지금밖에 못 먹어."라는 말을 들으면 다이어트는 내일부터 또 열심히 하면 된다며 마음을 바꿀 수도 있습니다. 처음에는 먹지 않으려 했는데 먹어야겠다고 마음을 바꾸어 친구와 디저트를 먹으러 가게 되는 것이지요. 속마음은 행동에 드러납니다. 이처럼 사람들의 행동을 유심히 관찰해서 마음을 파악하고 행동과 반응을 바꾸는 것이 마케팅에 종사하는 사람, 즉 마케터가 하는 일입니다.

◆ 세뇌도 강요도 아니지만 사고 싶게 만드는 원리

사람들의 행동을 관찰해서 마음을 파악하고 행동과 반응을 바꾼다. 이렇게 말하면 '마케팅은 세뇌를 하는 건가?' '강매하는 거 아닐까?' 하는 생각이 들지도 모르겠습니다. 하지만 그렇지 않습니다. 냉정하게 생각해 보면, 누군가에게 무엇인가를 무리하게 시키는 것이 얼마나 어렵고 힘든 일인지 그리고 자신에게도 리스크가 얼마나 큰 일인지 알 수 있습니다.

만약 여러분이 같은 반 친구 중 한 명에게 어떤 물건을 억지로 팔려 하면 무슨 일이 벌어질까요? 소문이 반 전체에 퍼지면 "○○(여러분의 이름)이가 그럴 줄은 몰랐어." "실망스러워."라며 뒤에서 손가락질할 수도 있습니다. 그렇게 되면 반에서 여러분이 가진 평판이나 명예가 순식간에 바닥에 떨어져 버립니다. 또는 그 얘기가 선생님 귀에까지 들어가 벌점을 받을 수도 있습니다.

가까운 인간관계에서도 강압적으로 뭔가를 하도록 시키면 잘 되지 않습니다. 오히려 손해를 볼 수 있고, 시킨다 하더라도 오래가지 못합니다. 손해를 보거나 장기적으로 지속할 수 없는 비즈니스라면 기업 입장에서도 좋을 게 하나도 없습니다. 다시 말해 마케팅은 누군가를 세뇌 또는 강매해서 억지로 상품이나 서비스를 판매하는 수단이 아닙니다. 그렇다면 마케팅은 소비자에게 무엇을 제공하는 것일까요? 마케팅은 애초에 사람들이 바라는 것을 만들고, 원하는 사람들이 구매하는 시스템을 만드는 것입니다. 그러므로 상품을 만들거나 서비스를 받는 주도권은 어디까지나 구매자에게 있습니다.

기업들은 구매자인 우리가 "바로 이런 상품이 출시되길 기다렸어요!"라며 자발적으로 구매하는 시스템을 만들어야 합니다. 기업들은 그런 시스템을 만들기 위해서 엄청나게 지혜를 짜내고 있습니다. 이런 상품을 기다렸다는 소비자의 심리를 마케팅 분야에서는 '인사이트'라고 부릅니다. 간단하게 말하면 인사이트는 사람을 움직이는 숨은 동기입니다. 앞서 속마음은 말이 아니라 행동으로 나타난다고 말했습니다. 바로 그 표현처럼 우리 행동에는 인사이트가 숨겨져 있습니다.

그렇기 때문에 고객의 행동을 관찰하면서 "고객이 정말 필요로 하는 건 무엇일까?" 하고 인사이트를 찾아내는 것도 마케팅의 역할입니다. 혹은 소비자 여러분이 상품을 구매할지 망설이고 있을 때 "이런 사용 방법도 있습니다." "이럴 때도 유용합니다."라고 권하거나, 한번 사 보는 결정을 내릴 수 있도록 판단 근거를 제시하는 것이 마케팅입니다. 마케팅은 세뇌나 강매가 아니며, 소비자가 직접 구매를 결정하게 하기 위한 장치를 만들어 주는 것입니다.

◆ 학교 축제나 선거에도 활용되는 마케팅

마케팅을 통한 시스템 만들기는 물건을 사는 상황에만 국한되지 않습니다. 마케팅은 여러분의 학교생활에서도 폭넓게 활용할 수 있습니다. 학교 축제에 손님 모으기, 학생회장 선거에 출마하기, 부모님이나 선생님 설득하기 같은 상황에서 마케팅 지식이 있는 사람과 없는 사람은 결과가 크게 다를 수 있습니다. 왜냐하면 마케팅 지식이 있는 경우, 여러분이 바라는 결과에 상대방이 납득하면서 주도적으로 선택해 줄 확률이 높아지기 때문입니다.

예를 들어 여러분은 학교 축제에서 오픈할 가게를 무엇을 기준으로 결정하나요? 필자는 오사카에 있는 한 불교계 중고등학교를 쭉 다녔던 터라, 오사카에서만 만들 수 있는 독특한 다코야키(문어가 들어간 일본식 풀빵)를 파는 가게라든지, 지금 생각해 보면 별 특색은 없지만 고리던지기를 하는 가게 같은 아이디어를 낸 기억이 있습니다. 한편 다른 반에서는 염주를 팔기로 결정했습니다. 직접 만들어서 파는 것도 아니고, 한 도매업체에서 구매해 판매하

     10대를 위한 공짜 경제학

겠다고 하기에, 저를 포함한 주위 사람들은 "색다를 것도 없는 염주가 팔리겠어?" 하며 고개를 저었습니다.

그런데 놀랍게도 그 염주가 완판되었습니다. 나중에 학교 축제에 온 사람들의 입장에서 생각해 보니 그럴 만했다는 생각이 들었습니다. 불교 계통 학교의 축제에 왔으니 뭐라도 사려 한다면 '기왕 왔으니까 이 학교에서만 살 수 있는 걸 사 볼까?'라는 생각을 하겠지요. 그럴 때 염주를 판매하는 것을 보면 "염주 괜찮네! 불교계 학교에 온 느낌도 나고. 기념이니까 사 가자."라는 심리가 발동합니다.

상대방이 무엇을 원하는지를 파악하고 그에 따라 행동하는 것은 결국 비즈니스이든, 선거이든, 학교 축제 때 하는 장사이든 어떤 것을 해내기 위한 출발점이 됩니다.

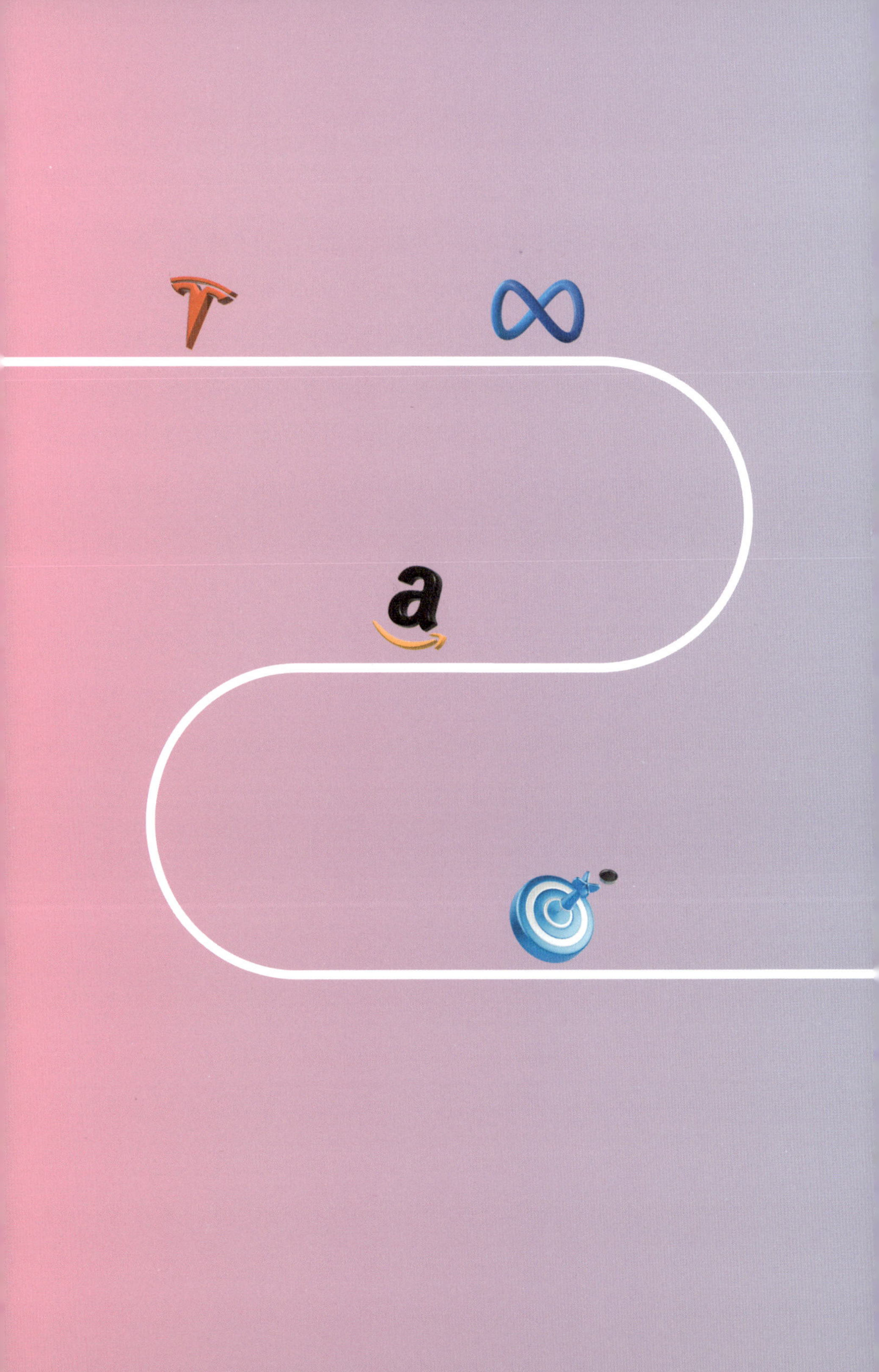

10대도 디지털 기기로 가치를 창조할 수 있다

◆ 마케팅에서는 무엇이 중요할까?

여러분 학교 근처에 라면 한 그릇을 1,000원에 파는 가게가 있다고 가정해 봅시다. 누가 봐도 파격적으로 싼 가격입니다. 게다가 이벤트로 900원을 할인해 주는 쿠폰도 나누어 줍니다. 사실상 100원에 라면을 먹을 수 있는 것입니다. 주인 아저씨도 정말 친절하고 위생 상태도 좋습니다. 하지만 한 가지 단점이 있습니다. 라면이 정말 맛이 없습니다. 그렇다면 여러분은 이 라면 가게에 갈까요? 가지 않을까요? 지독하게 맛이 없다면 아무리 싸게 팔더라도 사람들은 절대 그 가게를 선택하지 않습니다. 취미로 가게를 운영하면 모를까, 비즈니스라면 항상 적자를 기록할 것이고 손님도 없으니 장사를 지속하기 힘듭니다.

이 예를 생각해 보면 마케팅에서 가장 중요한 포인트가 무엇인지 떠오르지 않나요? 마케팅은 ① 소비자의 니즈를 이해하고 ② 소비자가 추구하는 가치를 만족하는 상품이나 서비스를 개발하고 ③ 적절한 가격으로 ④ 적절한 장소에서 구매할 수 있도록

⑤ 소비자의 구매를 촉진하기 위한 공정이나 시스템을 만들어 ⑥ 소비자와 관계를 구축하는 것입니다. 그리고 그중에서도 ①과 ②를 먼저 충족해야 하며, ③부터 ⑥에 해당하는 항목들은 평행선상에 놓여 있다고 보았습니다. 적어도 1980년대까지는 그렇게 보았습니다. 이런 흐름이 바뀐 것은 인터넷 사용이 확산되기 시작한 2000년 즈음부터였습니다. ③부터 ⑥까지의 요소가 더욱 중요하다고 여겨지게 된 것입니다.

예를 들어 한 가구 제조사가 소비자의 니즈를 파악한 다음, 그들이 바라는 가치를 만족하는 상품이나 서비스를 추구한 결과 착석감이 아주 훌륭하고 오랜 시간 앉아 있어도 피곤하지 않은 의자를 개발했다고 합시다. 고객들의 입소문도 아주 좋고, 누구나 한 번쯤 앉아 보고 싶다고 생각할 만한 상품입니다. 하지만 이 가구 제조사는 홈페이지도 없고, 온라인 쇼핑몰에도 입점하지 않았기 때문에 고객은 인터넷으로 그 의자를 살 수 없습니다. 의자를 사려면 해당 상품을 취급하는 매장에 직접 방문해야만 합니다. 이런 상황이라면 현대 사회에서는 '온라인으로 구매할 수 없으면 귀찮으니 안 살래'라고 생각하는 고객이 자연히 많아집니다.

무료로 제공하는 만화나 게임 앱도 마찬가지입니다. 콘텐츠 자체는 굉장히 재미있지만 앱을 구동할 때마다 로딩이 오래 걸리거나 래그[26]가 발생하면 앱을 사용하려는 마음 자체가 사라져 버립

---

26 래그(lag): 두 사건 사이에 존재하는 시간적 차이. 일반적으로 '랙', '렉' 등으로 쓰인다.

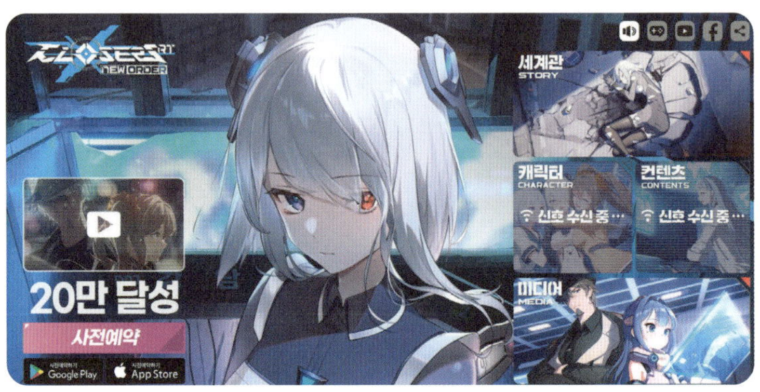

○ 인기 게임 '클로저스' IP를 기반으로 개발되어 화제를 모았지만 부실한 최적화와 서버 문제로 오픈 한 달 만에 서비스를 종료한 '클로저스RT: 뉴 오더'.   © Naddic Games

니다. 소비자는 상품이나 서비스 자체가 아무리 좋더라도 이용할 때의 경험이 좋지 않으면 구매나 사용을 포기해 버립니다. 특히 최근에는 그런 경향이 한층 강해지고 있습니다. 그러한 의미에서 마케팅은 소비자의 경험을 만드는 것이라고도 할 수 있습니다.

◆ 1만 원짜리 콜라를 사게 만드는 것이 마케팅

마케팅은 소비자의 경험을 만드는 것이라고 했는데, 이 점에 대해 구체적으로 생각해 봅시다. 아주 더운 날, 시원한 공간에서 멋진 경치를 감상하며 레몬을 곁들인 시원한 콜라를 마시는 자신의 모습을 한번 상상해 보시기 바랍니다.

이런 상황을 1만 원에 즐길 수 있다는 말을 들으면 여러분은 그렇게 할 건가요? 콜라 1잔인데 1만 원은 너무 비싸다고 생각할까요? 아니면 너무 좋다, 1만 원이라면 기꺼이 지불하겠다고 할까요? 2부에서도 콜라 1잔에 10만 원이라면 싼가, 비싼가 하는 이야기를 다루면서, 가치는 받아들이는 사람에 따라 달라지는 것을 살펴보았습니다. 콜라 1만 원은 비싸다는 사람은, 콜라는 어디서 마시든 다를 바 없다고 생각할 것입니다. 그러니까 콜라라는 상품만 두고 비싸다고 판단합니다.

한편 1만 원이라면 지불하겠다고 생각한 사람은 어디서 마시는지도 중요하다고 생각할 것입니다. 콜라라는 상품 그 자체만이 아니라 '멋진 경치를 보며 콜라를 마시는 경험'이라면 1만 원의 가치가 있다고 생각하는 것이지요. 다시 말해 콜라를 어디에서 마시는지도 중요하다고 생각하는 사람이 1만 원을 지불하고라도 마시도록 기회를 계속 만들어 내야 합니다. 바로 그것이 마케팅입니다.

특히 지금 시대는 상품이나 서비스 자체의 가치만 가지고는 다른 상품과 차별화가 힘들어 성공하기 어렵습니다. 그렇기 때문에 누군가에게 '멋진 경험'을 할 기회를 제공해 막대한 부를 쌓는 마케팅에 대한 필요도가 더욱 증가하고 있습니다.

◆ 경험을 대체하는 디지털

옛날에 필자는 학교 친구가 거의 없었습니다. 학교에서 수다를 떨 상대가 없으면 외로움을 느낄 수도 있습니다. 하지만 지금은 제 학창 시절과 비슷한 상황에 놓인 학생들이 스마트폰으로 쉽게 누군가와 연락을 주고받는 것이 가능합니다. 학교에 친구가 없어도 SNS나 커뮤니티로 사람들과 교류하고 있다면 외로움이 완화될 수 있습니다. 지금은 이러한 '경험'이 디지털로 점차 대체되고 있습니다.

이제는 인터넷을 통해 언제 어디서든 물건을 살 수 있는 시대가 되었습니다. 회원증은 실물 카드 대신 스마트폰 앱을 사용하게 되었고, 공연 티켓도 종이에서 QR 코드로 점차 대체되고 있습니다. 음악 감상 역시 유튜브 뮤직이나 멜론 등의 스트리밍 서비스를 이용합니다. 지금 10대들은 CD가 무엇인지 알고는 있지만, 음악을 들을 때는 CD를 사서 듣는 것이 당연하다고 생각하던 시대가 있었다는 건 상상하기 힘들 것입니다. 병원 예약도 예전에는 전화로 했지만 지금은 앱을 통한 예약 시스템을 도입한 곳이 많습니다. 게다가 한 번 등록해 두면 병원에서 다음 방문을 안내하는 메시지를 보냅니다. 디지털화로 매우 편리하고 효율 좋은 세상이 되었습니다.

이렇게 디지털이 경험을 대체하는 흐름은 2010년대 초부터 점차 가속화하고 있습니다. 스마트폰이 도입되기 시작하고 1가정 1컴퓨터 시대에서, 1인 1스마트폰 시대가 되었다는 것은 누구나 작은 컴퓨터를 휴대하고 있는 환경이며, 항상 온라인 상태에 있다고도 할 수 있습니다. 이러한 상황이기 때문에 마케팅의 정의에 다음 세 가지 요소가 자연스럽게 등장했습니다.

- 편리한 장소에서 구매하기가 쉬워졌다.

- 소비자의 구매를 촉진하기 위한 공정이나 시스템을 만들기 쉬워졌다.

- 소비자와 관계를 구축하기 쉬워졌다.

이런 의미에서 지금은 상품이나 서비스를 이용하는 경험을 누구나 새롭게 만들어 가기 쉬운 시대입니다.

◆ 당연하게 여겨진 미래를 바꾸는 디지털

디지털이 경험을 대체한다고는 하지만, 경험이 어떻게 대체될지 미리 예상하기는 쉽지 않습니다. 만약 여러분이 '디지털과 체육 대회'라는 말을 들으면 어떤 모습을 떠올릴까요? 그렇게 떠올려 보니 기대가 되나요? 아마 많은 독자 여러분은 어떤 모습일지 예상이 안 된다고 생각했을 수 있습니다. '디지털과 ○○'처럼 디지털에 기존의 무언가를 합쳐서 말하는 것은 간단합니다. 하지만 그러한 미래를 구체적으로 상상하는 것은 꽤나 어렵습니다. 알지 못하는 걸 상상하기가 힘들기 때문입니다. 이미 알고 있는 것만 상상할 수 있다는 뜻이기도 합니다.

예를 들어 여러분도 평소에 자주 사용하는 간편 결제에 대해 생각해 봅시다. 지금은 네이버페이나 카카오페이 같은 간편 결제를 당연하게 사용하고 있지만, 사실 이러한 서비스들이 본격적으로 사용되기 시작한 것은 불과 10여 년 전인 2010년 초부터였습니다. 그러나 이제는 물리 화폐를 이용한 결제 방식으로 돌아가기 힘듭니다. 편리함을 경험해 보아야 비로소 불편함을 깨달을 수 있습니다. 쾌적함은 직접 경험해 보지 않으면 말로 설명하기가 쉽지 않습니다. "동전을 일일이 주고받는 건 불편하지 않으세요?"라고 물어본다 하더라도 전자 화폐를 직접 사용해 본 적이 없는 사람은 전자 화폐로 계산하는 쾌적함을 상상할 수 없습니다. 하지만 그렇기 때문에 어른들은 더더욱 '디지털과 ○○(이미 존재하는 무언가)'에 대해 지금까지 당연하게 여기던 생각을 부술 수 있는 새로운 경험을 만들려고 노력하는 것입니다. 그렇게 할 수 있다면 새로운 시장이나 가치 등 지금까지 아무도 상상하지 못했던 미래를 만들어 나갈 수 있기 때문입니다.

◆ SF 사고방식에 익숙해지자

지금까지 해 온 '당연한 생각'을 부수고 누구도 상상하지 못했던 경험을 만드는 것을 비즈니스 용어로는 '이노베이션'이라고 합니다. 특히 인터넷이 발달된 현대 사회에서는 디지털로만 실현할 수 있는 경험을 만드는 것이 엄청난 이익 창출과 직결됩니다. 그렇기 때문에 어른들은 디지털로 이노베이션을 이룩하려고 필사적으로 노력합니다. 다만 앞서 언급한 것처럼 이노베이션이 일어난 이후 미래 모습을 이노베이션이 일어나기 전에 상상하기란 쉽지 않습니다.

　　　　　　　　　10대를 위한 공짜 경제학

이런 상황에서 어른들은 어떤 것을 하려고 할까요? 정답은 'SF 사고방식'입니다. 지금까지는 소설의 한 장르에 불과했던 SF 사고방식을 바탕으로 새로운 경험을 만들려고 하는 것입니다. SF 는 사이언스 픽션(Science Fiction)의 약자로 여러분도 SF 영화나 SF 만화, SF 소설 같은 단어를 들어봤을 것입니다.

SF 사고도 마찬가지인데 말 그대로 과학적인 발상 속에서 자유롭게 공상의 나래를 펼친 미래를 바탕으로 이노베이션을 이끌어 내는 사고방식입니다. 간단하게 말하면 인기 만화 '도라에몽'에 등장하는 비밀 도구인 '만약에 박스[27]'를 사용하는 것과 비슷합니다. '만약 미래가 ○○한 세계라면'이라는 가정하에 상상을 펼쳐 나가는 것입니다.

하지만 초보자가 공상과학 미래 세계를 그려내기란 쉽지 않습니다. 그래서 어른들은 이미 세상에 공개된 SF 소설이나 SF 영화, SF 만화를 참고하면서 창의력을 높여 세상에 존재하지 않는 새로운 경험을 만들어 내려 합니다. 이런 상황이기 때문에 더더욱 학생 여러분이 지금부터 SF 창작물을 많이 접해 SF 사고방식에 익숙해진다면 나중에 도움이 될 날이 오지 않을까요?

하지만 'SF는 어쩐지 어려워 보여'라며 멀리하려는 학생들도 있을지 모릅니다. 얼핏 보기에는 어려운 장르처럼 느껴지지만, 앞서 예시를 든 도라에몽도 SF 장르입니다. 일본 애니메이션 중에는

---

27 만약에 박스: 상상을 현실로 만들어 주는 공중전화 부스 모양의 비밀 도구.

○ 지구를 대체할 인류의 터전을 찾기 위해 우주여행을 떠나는 탐험가들의 모험을 그린 영화 인터스텔라.

© 워너 브라더스

'기동전사 건담[28]' 시리즈나 '썸머 워즈[29]'처럼 재미있게 볼 수 있는 작품도 많습니다. SF 소설 중에는 개인적으로 쓰쓰이 야스타카[30]나 고마츠 사쿄[31]의 작품을 추천합니다. 영화로는 2014년에 개봉한 크리스토퍼 놀런 감독의 '인터스텔라'를 추천합니다. 이상 기후 때문에 인류가 멸망할 위기에 처한 가까운 미래의 지구를 그린 작품으로, 당시 최신 과학 데이터로 가득 차 있어서 10년이

---

28 기동전사 건담: 인기리에 방영된 애니메이션. 지나치게 증가한 인구를 우주로 이주시켜야 하는 시대에 아무로 레이라는 소년이 뜻하지 않게 전쟁에 휘말리며 새로운 인류로 각성해 나가는 내용.

29 썸머 워즈: 호소다 마모루 감독의 애니메이션 영화. 내성적인 수학 천재 소년이 동경하던 선배에게 '약혼자인 척'하는 아르바이트를 부탁받은 것을 계기로 다양한 사건에 휘말린다.

30 쓰쓰이 야스타카(筒井康隆):『시간을 달리는 소녀』 등을 집필한 소설가. 소녀상 관련 망언으로 한국에는 그의 소설들이 대부분 절판되었다.

31 고마츠 사쿄(小松左京):『일본 침몰』 등을 집필한 소설가. 2011년 사망.

10대를 위한 공짜 경제학

지난 지금 기준으로도 볼 만한 가치가 있습니다. 조금이라도 흥미가 생긴 독자분이라면 꼭 한 번 보시기 바랍니다.

◆ 디지털 활용으로 어른들을 앞서자

감이 좋은 분이라면 이미 느꼈겠지만 마케팅이 만드는 경험이라는 가치는 앞으로 더욱 디지털화를 기반으로 발전해 나갈 것입니다. 디지털의 힘을 빼놓을 수 없는 것이지요. 한편 사회에서 일하는 어른들의 절반 이상은 디지털에 익숙하지 않습니다. 그렇기 때문에 필자는 어렸을 때부터 디지털에 익숙한 여러분이 더욱 디지털에 대한 이해도를 높이면 어른들보다 시대를 앞서나갈 수 있다고 생각합니다.

실제로 '리스킬링[32]'이라고 해서 많은 어른이 디지털을 처음부터 배우려고 하고 있습니다. 노코드[33](no-code)를 사용해서 앱을 제작해 보거나, AI를 만들어 보려고 하지요. 말하자면 시작점은 학생 여러분이나 어른들이나 같다는 것입니다. 게다가 지금 어른들은 디지털 그 자체를 목적으로 삼는 경우가 대부분입니다. 일단 앱을 만들어 보려고 하거나, 어디서든 DX[34] 기술이 필요하다고

32　리스킬링: 시대의 변화에 맞춰 새로운 지식이나 기술을 배우는 것.

33　노코드: 소스 코드(프로그램 언어를 사용해 기록된 프로그램 설계도)를 사용하지 않고도 앱이나 웹 서비스를 개발할 수 있는 툴.

34　DX: 디지털 전환(Digital Transformation). 디지털 기술을 사용해서 업무 방식이나 상품, 서비스, 비즈니스 모델 디자인을 바꿔 나가는 것.

한국에서도 스마트메이커, 웨이브온 등에서 노코드 개발 플랫폼을 서비스하고 있다.

하니 일단 DX를 하는 등 일단 상품과 서비스를 디지털화하는 것 자체가 목적이 되었습니다. 마케팅에서 중요한 것은 소비자의 니즈를 이해하고, 소비자가 추구하는 가치를 만족하는 상품이나 서비스를 개발하는 것인데, 이런 소비자의 가치는 고려하지 않고 있습니다.

하지만 디지털은 수단에 불과합니다. 목적은 어디까지나 소비자에게 가치가 있는 경험을 제공하는 것입니다. 안타깝게도 많은 어른이 이 둘을 구별하지 못하고 있습니다. 그런 의미에서도 학생 여러분은 어른들보다 더 유리한 위치에 있습니다. 어른들이 디지털을 배우거나 수단과 목적을 착각하고 있는 동안 여러분은 디지털을 바탕으로 계속해서 누군가에게 가치 있는 경험을 만들어 나가기 바랍니다. 그렇게 하면 최종적으로는 어른들을 여유롭게 앞지를 수 있습니다.

◆ 디지털로 가치 있는 경험을 창조하는 법

하지만 학생인 여러분이 디지털을 활용해 누군가에게 가치 있는 경험을 창조하기 위해서는 구체적으로 무엇을 하면 될까요? 먼저 누군가에게 가치 있는 경험을 창조하려면 시스템을 만들고 활용할 수 있게 해야 합니다. 그러려면 우선 세상의 시스템을 알아야 하고, 이를 위해선 경제학이나 마케팅을 배워야 합니다. 다시 말해 이 책을 잘 읽어 본다면 세상의 대략적인 시스템을 이해할 수 있습니다.

다만 읽고 이해하는 것만으로 시스템을 만들고 활용할 수 있게 되는 것은 아닙니다. 시스템을 만들고 활용하려면 머릿속의 지식뿐만 아니라 경험이 필요하기 때문입니다. 다시 말해 직접 손을 움직여서 경험해 보아야 합니다. 여러분이 누군가에게 가치 있는 경험을 만들고 싶다면 직접 행동으로 옮겨야 합니다. 예를 들어 학교 축제나 지역 플리마켓에 판매자로 참여해서, 적절한 가격 책정이 얼마나 어려운 일인지 체험해 보는 것도 좋습니다. 판매자 입장이 되어 본다면 소비자의 니즈나 인사이트를 이해할 수 있습니다.

혹은 시험 삼아 노코드 개발 플랫폼 등을 사용해 앱 또는 AI를 개발해 보기를 추천합니다. 지금은 마이크로소프트나 구글에서 프로그래밍 지식 및 기술이 없어도 사용할 수 있는 개발 툴을 클라우드로 제공하고 있습니다. 소액의 비용만 지불하면 앱 또는 AI 개발 툴을 사용할 수 있기 때문에 가족들과 의논해 보는 것은

◐ 맥도날드는 2023년 구글과 협력해 향후 생성형 AI를 키오스크나 매장 내 카메라에 적용해 음식의 조리 상태나 고객 상황 파악에 사용할 것이라고 발표했다.

어떨까요?

인터넷상에서 자신이 그린 그림이나 일러스트를 팔아 보는 것도 좋은 시도입니다. 스트리밍 서비스를 사용해서 자작곡을 업로드해 보거나, 팟캐스트[35]에서 자신이 만든 콘텐츠를 방송해 보는 것도 좋을 것입니다.

학생이라면 지금 당장은 어려울 수 있겠지만, 나중에 아르바이트를 할 기회가 생기면 디지털로 정비된 환경에서 일해 보는 것도 추천합니다. 예를 들어 맥도날드는 최첨단 기술을 매장에 적극적으로 도입하는 기업 중 하나입니다. 맥도날드에서 아르바이트를 하면서 디지털 기술을 직접 느껴 볼 수 있습니다.

---

35 팟캐스트: 스마트폰 앱 등 인터넷상으로 공개하는 음성 콘텐츠.

아무튼 기존에 있는 것에 디지털을 접목하거나, 실제로 비즈니스를 해 보는 경험이 필요합니다. 그렇게 피부로 직접 배우는 동안 시스템을 만들거나 활용하는 데 필요한 경험을 배양할 수 있을 것입니다.

◆ 디지털이기에 가능한 효율화와 초능력

지금까지 배운 내용을 살펴보면, 디지털이기 때문에 실현할 수 있는 가치는 두 가지가 있습니다. 첫 번째는 '효율화'를 할 수 있다는 점입니다. 원하는 것이 있다면 인터넷을 통해 언제 어디서든 구매할 수 있고, 예약을 할 때 시간에 관계없이 예약할 수 있다는 점은 효율화의 대표적인 예입니다. 종이 티켓 대신 QR 코드 티켓을 사용하게 되면서 티켓을 발권하는 번거로움이 사라진 것 또한 시간을 단축해 준다는 점에서 효율화의 예입니다. 시간 대비 효율이 향상한 것이지요. 이처럼 우리는 디지털을 활용해 다양한 시스템을 자동화함으로써 '효율화'를 실현합니다. 우리의 수고를 크게 덜어주는 것이지요.

디지털이기 때문에 가능한 두 번째 가치는 '초능력'입니다. 예를 들어 스마트키[36]를 사용하면 열쇠를 꺼내지 않아도 문을 열 수

---

36 스마트키: 키를 몸에 지니고 있으면 꺼내지 않고 문에 접촉해 열 수 있는 도구.
37 VR: 컴퓨터를 통해 생성한 가상공간.

○ VR 기술은 쇼핑, 부동산, 관광, 인테리어, 게임을 비롯해 다양한 미래 마케팅의 중심이 될 것으로 예상되고 있다.

있습니다. 또는 VR[37]을 활용해 가상공간에서 지구 반대편으로 이동해 멋진 경치를 감상할 수도 있고, 집에서 '최애' 아티스트의 라이브 공연 현장을 즐길 수도 있습니다.

다시 말해 디지털의 힘을 빌려 능력을 확장하면, 원래는 할 수 없었던 일을 할 수 있게 된다는 의미입니다.

디지털을 활용한 효율화는 일상생활에 큰 변화를 가져다줍니다. 하지만 디지털을 통해 능력의 한계를 넘어서게 하는 초능력은 더욱 대단하지요. 디지털의 힘을 빌리면 학생 여러분도 충분히 세상에 가치를 제공할 수 있습니다. 만약 여러분이 직접 무언가를 해 보기 원한다면 디지털을 활용한 능력 확장에 도전해 보셨으면 좋겠습니다.

덧붙여 말하자면 디지털을 활용해 창조한 가치를 반드시 돈으

10대를 위한 공짜 경제학

로 바꾸어야 할 필요는 없습니다. 디지털을 활용해 주위 사람들의 칭찬을 받는 것만도 큰 소득이고 SNS 팔로워 수가 늘어나면 기쁘기도 하거니와, 영향력이 커지는 일이니 아주 좋은 일이지요. 어쨌든 여러분이 어떤 활동이든 직접 부딪쳐 해 보면서 디지털의 힘을 빌린다면 세상의 원리를 머리로 이해하는 것뿐만 아니라, 몸으로도 충분하게 느낄 수 있을 것입니다.

현명한 소비자가 꼭 알아야 할 행동경제학

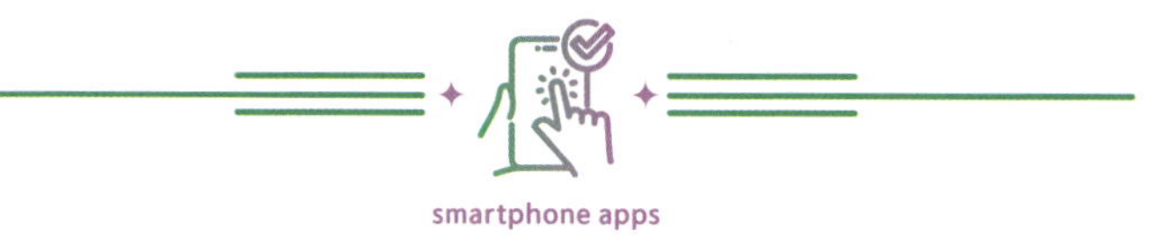

◆ 인간다움과 무료 서비스의 원리

패션이든 음악이든 여러분 자신이 멋지다고 느껴 주변 사람들에게 "이거 꼭 해 봐."라고 권유했더니 "대체 어디가 좋은 거야?"라거나 "딱히 좋은지 모르겠는데."라는 예상치 못한 반응을 접한 경우가 있을 것입니다. 반대로 "이거 너무 좋아."라며 누군가가 추천해 줘서 도전해 봤지만 뭐가 좋은지 잘 모르겠다는 경험을 한 사람도 있겠지요. 자신의 주관적인 가치와 다른 사람의 가치 사이에는 선입견이나 편견으로 인해 발생하는 왜곡과 차이가 존재합니다. 행동경제학이라는 학문에서 이러한 왜곡이나 차이를 논리적으로 설명합니다.

경제학은 기본적으로 "사람은 모두 현명하고 폭넓은 사고를 할 수 있으며 경계심이 강하기 때문에 모든 일에 대해 깊이 생각하고 행동한다."라는 전제를 바탕으로 발전했습니다. 다만 우리는 1부와 2부에서 가치나 사물에 대해 느끼는 바는 사람마다 크게 다름을 배웠습니다. 자신은 합리적이라고 생각했지만 다른 사

10대를 위한 공짜 경제학

람들의 관점에서는 그렇지 않은 경우도 흔히 있고, 반대의 경우 또한 마찬가지입니다. 그렇기 때문에 사람들은 경제학에서 세운 전제대로 행동할 수 없는 것입니다. 이러한 모순은 어떤 의미로는 너무나 인간다운 것이라고 할 수 있습니다. 이러한 '인간다움'에 초점을 맞춘 학문인 행동경제학은 지금도 계속해서 발전하고 있습니다. 행동경제학을, 경제학에 심리학 요소를 더한 학문이라고 이해하면 쉬울 것입니다.

○ 행동경제학의 기초를 정립한 미국의 경제학자 허버트 사이먼. 1978년 노벨 경제학상을 수상했다.

물론 심리학은 무속이나 점술 같은 비과학적이고 애매한 학문이 아닙니다. 심리학은 다양한 사람에게 실험한 결과를 바탕으로 과학적인 방법을 통해 가설을 검증하는 학문입니다. 그리고 인간다움이란 무엇인지를 통해서 왜 무료로 사용할 수 있는 스마트폰 앱이 존재하는지, '현질' 이면에는 어떤 원리가 숨어 있는지 같은 의문에 진정한 답을 설명해 나갑니다.

◆ 방학 숙제가 계획대로 진행되지 않는 이유

여러분은 여름방학 숙제를 할 때 미리 계획을 세워서 차근차근 해 나가나요? 중학생쯤 되면 여름방학에 하고 싶은 일이나 참가하고 싶은 활동을 어느 정도는 미리 떠올릴 수 있습니다. 그렇기 때문에 "절대 실천할 수 없는 계획이잖아!"라는 소리를 들을 정도로 무모한 계획을 세우는 학생은 많지 않을 것입니다. PC방 가기, 수영하러 가기 등등 구체적인 일정을 미리 확인한 다음에 언제까지 어떤 숙제를 끝낼 수 있을지 계획을 세워야겠지요. 다만 현실적인 계획을 세웠는데도 도중에 예정이 어긋나서 숙제가 계획대로 진행되지 않거나 계획을 수정해야만 했던 경험을 한 사람도 많을 거예요.

또는 "꼭 살을 뺄 거야!"라고 굳게 다짐하며 다이어트를 결심하자마자 눈앞에 맛있어 보이는 디저트가 있다면 어떤 반응을 보일까요? 다이어트는 내일부터 하자며 결심이 흔들리는 사람이 많을 것 같습니다.

이렇게 되는 이유는 무엇일까요? 여러분의 의지가 약해서일까요? 아니면 애초의 계획이 진심이 아니었던 것일까요? 결론부터 말하면, 예정대로 일이 진행되지 않거나 결의가 흔들리는 이유는 약한 의지력이 원인이 아닙니다. 시간을 우선시하면 할수록 잘못 판단하는 인간의 기본적인 특성 때문입니다.

이 특성은 행동경제학의 '쌍곡형 할인'이라는 이론으로 설명할 수 있습니다. 다음 페이지 그래프의 세로축은 이 사람의 주관적인 가치를 나타내며, 위로 갈수록 이 사람에게 가치가 있다는 의미입니다. 고양감이나 행복감이 높아지는 것이지요. 그리고 가로축은 시간을 나타냅니다. 예를 들어 여러분이 다이어트를 한다면 다음의 A와 B 중에서 어느 쪽을 선택할 건가요?

　　　　　　　　　10대를 위한 공짜 경제학

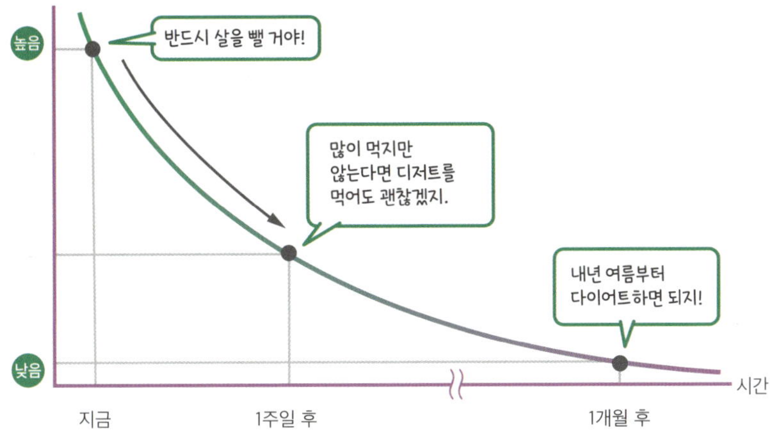

A: 다이어트에 성공한 다음 좋아하는 케이크를 먹는다.

B: 오늘은 좋아하는 케이크를 일단 먹고, 내일부터 진짜로 다이어트를 시작한다.

A를 선택한다면 '다이어트 성공'과 '좋아하는 케이크'라는 두 가지 가치를 얻을 수 있습니다. 아주 합리적이지요. 하지만 많은 사람이 B를 선택해 버립니다. 왜냐하면 사람은 눈앞에 보이지 않는 미래의 가치를 줄여서 생각하는 경향이 있기 때문입니다. 반대로 말하면 사람은 눈앞에 있는 가치를 줄여서 생각하지 않으므로, 미래의 가치보다 눈앞에 있는 가치에 시선을 빼앗기기 쉽습니

다. 그래서 흔히 "오늘과 내일의 차이는 내일과 모레의 차이보다 크다."라고 말합니다.

● 눈앞에 보이는 가치 > 미래의 가치

앞서 언급한 여름방학 숙제 역시 마찬가지입니다. 여러분에게는 여름방학 동안에 할 수 있는 가치 있는 활동이 아주 많을 것입니다. 예를 들어 여러분이 7월 말에 계획을 세우는데, 8월 말에 좋아하는 가수의 콘서트가 있을 것을 미리 알았다고 가정해 봅시다. 그렇다면 여러분은 분명 콘서트가 개최되는 저녁 시간을 통째로 비워 두겠지요. 숙제는 그전에 끝내면 된다는 가정하에 말입니다.

그런데 콘서트 날이 가까워지면서 기분이 조금씩 들뜨기 시작합니다. '기왕 가는 거니까 콘서트만 보지 말고 굿즈도 구경할 겸 일찍 모이면 좋겠는데' '그럼 점심은 어디서 먹지?'처럼 여러분 마음속에서 콘서트에 대한 가치가 점점 높아집니다.

그렇게 되면 이런저런 계획을 세우는 데도 상당한 시간을 사용해 버리기 때문에 숙제를 위해 비워 둔 시간은 반비례로 줄어들게 됩니다. 결과적으로 처음에 세운 계획대로 숙제를 해내지 못하게 되는 것입니다.

◆ 왜 사람들은 손해 보는 선택을 하는 걸까?

집에서 반경 500미터 이내에 여러분이 제일 좋아하는 아이스크림을 1개 2,000원에 판매하는 가게가 있다고 가정해 봅시다. 한편 1킬로미터 떨어진 가게까지 가면 800원에 똑같은 아이스크림을 살 수 있습니다.

여러분이라면 어느 가게에서 아이스크림을 살까요? 가격만 보면 800원이 더 싸기 때문에 자전거를 타고 가서라도 800원짜리 아이스크림을 사는 게 좋겠지요. 조금만 멀리 가면 아이스크림을 800원에 살 수 있는데 2,000원에 사면 두 배 넘는 비싼 값에 사는 셈이 되니 말입니다. 경제학 관점에서 보면 조금 멀리 가더라도 800원에 사는 것이 합리적인 판단입니다. 하지만 사람들은 경제학적으로 비합리적인 판단, 다시 말해 손해를 보는 행동을 하는 경우가 아주 많습니다.

지금까지 계속해서 주관적인 가치와 객관적인 가치에 대한 이야기를 했습니다. 사람들은 제각기 다른 생각을 한다는 전제로 생각해 보면 이 점을 쉽게 이해할 수 있습니다. 예를 들어 자전거를 끌고 나가는 게 번거롭다거나, 1,000원 남짓한 돈을 위해 그렇게까지 하고 싶지 않다거나, 1,200원으로 시간과 수고로움을 줄일 수 있다면 기꺼이 지불하겠다, 등등 사람들은 금전 이외의 다양한 이유에 따라 행동합니다. 10원이라도 싸게 사겠다는 데 가치를 둔 사람도 있는 반면에, 겨우 1,200원을 위해 수고하고 싶지 않다는 사람도 있는 것입니다. 평소에는 번거로우니까 근처에서 구매하지만, 오늘은 컨디션도 좋으니 멀리 있는 가게에 가서 1,200원 더 저렴한 아이스크림을 사자고 생각하는 사람도 있을 것입니다. 혹은 평소에는 대단히 꼼꼼하고 합리적이지만, 오늘은 컨디션이 안 좋으니까 1,200원 더 내겠다고 결정할 수도 있습니다.

다시 말해 현실에서 가치는 사람들마다 제각각 다르고, 같은 사람이라도 그날 컨디션에 따라 생각이나 관점이 달라질 수 있습니다. 그러므로 이 사람은 반드시 이렇게 행동할 것이라고 단언할 수 없습니다. 사람은 지극히 다면적이며 비합리적인 동물이기에 그렇습니다.

◆ 누구나 천사와 악마, 양면성이 있다

앞서 같은 사람이라도 매일의 기분이나 컨디션에 따라 생각과 받아들이는 느낌이 다르다고 이야기했습니다. 이건 초등학생, 중학생, 고등학생은 물론 어른들까지도 모두 마찬가지입니다.

예를 들어 요리에 굉장히 신경을 쓰는 사람이 있다고 가정해 봅시다. 이 사람은 카레를 만들 때 레토르트 카레나 시판 루를 사용하지 않고 향신료를 하나하나 조합하는데, 자신이 생각하기에 최고의 조합이라고 생각하는 루를 만들기 위해 포기하지 않고 계속해서 다양한 향신료를 조합해 봅니다. 엄청난 노력가이지요. 하지만 정리하는 것은 좋아하지 않아서 요리를 할 때 사용한 도구나 식기를 설거지하기가 너무 귀찮습니다. 그래서 항상 설거지를 미루곤 합니다. 그리고 직접 설거지하기보다는 식기세척기를 주로 사용합니다. 이렇게 보면 어떤 의미로는 게으른 사람이라고 할 수도 있겠습니다. 노력과 게으름은 얼핏 보기에 상반되는 단어 같아 보입니다. 하지만 같은 사람에게 이 두 단어가 공존합니다. 이것이 바로 인간의 특징입니다.

사람들은 모든 경우에 최선의 노력을 다할까요? 당연히 그렇지 않습니다. 요일이나 시간대에 따라서도 달라지고, 어떤 일인지에 따라서도 달라지며 환경에 따라서도 바뀝니다. 동일한 사람이라 해도 상반된 특성을 끌어안고 있습니다. 저는 이 점을 "사람들은 천사와 악마의 양면성을 가지고 있다."라고 표현합니다.

사람은 모순되는 성격을 지닌 복잡한 동물입니다. 행동경제학은 이를 전제로 경제를 연구합니다. 무료로 사용할 수 있는 스마트폰 앱 이면에는 이 행동경제학이 큰 영향을 미치고 있습니다.

◆ 잃는 슬픔과 얻는 기쁨, 어느 쪽이 더 강할까?

무료로 즐길 수 있는 게임인데도 게임 제작사가 엄청난 돈을 벌 수 있는 이유에 대해 1부에서 설명했습니다. 바로 나 대신 누군가가 비용을 지불하는 구조를 활용한 비즈니스 모델 덕분이었습니다. 그중에서도 무료 서비스를 이용하는 일부 사용자들에게서 돈을 받는 프리미엄 모델은 행동경제학을 아주 적절하게 활용한

◆ 행동경제학의 아버지라 불리는 이스라엘의 경제학자 대니얼 카너먼.

비즈니스 모델입니다.

과금 모델에는 '전망 이론(prospect theory)'이 적용되어 있습니다. 전망 이론과 관련해서 노벨 경제학상을 수상한 대니얼 카너먼(Daniel Kahneman)이라는 학자의 대단히 흥미로운 실험을 소개해 보겠습니다. 그는 먼저 어느 대학의 학생들을 판매자와 구매자 이렇게 두 그룹으로 나누었습니다. 그리고 대학 로고가 들어간 정가 6달러짜리 머그컵을 보여준 다음, 판매 그룹 학생들에게는 "이걸 얼마에 팔 건가요?"라고 질문하고 구매 그룹 학생들에게는 "이걸 얼마에 살 건가요?"라고 물어보았습니다.

판매 그룹 학생들은 6달러짜리 머그컵을 평균 "7.12달러에 팔겠다."라고 답했습니다. 한편 구매 그룹 학생들은 평균 "2.87달러에 사겠다."라고 답했습니다. 당연하게도 판매자들은 더 비싸게 팔고 싶고 구매자들은 더 싸게 사고 싶습니다. 그렇다고는 하지만

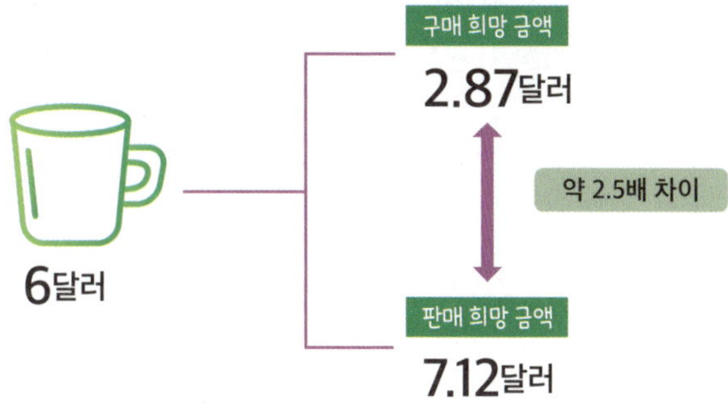

두 그룹에서 제시한 금액은 두 배 이상 차이가 났습니다.

이 실험을 통해 사람들은 가능한 한 손해를 보지 않으려고 한다는 것을 알 수 있습니다. 판매자들은 머그컵이 팔리면 6달러짜리 머그컵을 잃는 슬픔을 경험합니다. 그렇기 때문에 판매자들은 어차피 팔 거면 잃는 슬픔을 충족하는 것까지 포함해 7.12달러로 사 줬으면 좋겠다고 생각합니다. 표현을 바꾸면 7.12달러보다 낮은 가격으로는 팔지 않겠다는 것이지요.

한편 구매 그룹에게 머그컵은 아직 수중에 들어오지 않은 미래의 물건입니다. 따라서 미래의 가치에 대해 대학 로고가 들어간 머그컵을 손에 넣는 기쁨은 겨우 2.87달러 정도라고 낮게 생각하는 것입니다.

같은 물건을 손에 넣는 것과 잃는 것은 논리적으로 생각해 보면 플러스마이너스 제로입니다. 그럼에도 불구하고 느끼는 가치는 전혀 다릅니다. 머그컵을 손에 넣는 기쁨을 1이라고 하면, 잃는 슬픔은 거의 2.5배나 됩니다. 어떤 것을 잃는 슬픔과 손에 넣는 기쁨을 저울에 달아 보면, 잃는 슬픔이 좀 더 무겁게 표시됩니다. 이 내용이 바로 전망 이론입니다.

관점을 조금 바꾸어 말하면, 이걸 판매하면 슬퍼지니까 아직은 놔 주기 싫고 계속 가지고 있겠다는 심리로도 이어집니다. 이러한 심리 현상을 '보유 효과'라고 하며, 전망 이론은 보유 효과를 낳는다고 합니다.

◆ '현질'을 참기 힘든 이유는 무엇일까?

전망 이론을 이해하면 무료로 즐길 수 있는 게임이나 만화에 적용된 프리미엄 모델 시스템도 이해할 수 있습니다. 예를 들어 무료 게임에 50시간 동안 육성한 캐릭터가 있다고 해 봅시다. 지금까지는 무료로 육성할 수 있었지만 앞으로도 계속 캐릭터를 키우려면 육성에 필요한 재료들을 유료로 구입해야만 합니다. 이 경우 여러분은 현질을 해서 캐릭터 육성에 필요한 재료들을 손에 넣을 건가요? 아니면 키우던 캐릭터를 포기하나요? "현질해야만 한다면 그만둘래."라며 캐릭터 육성 자체를 포기해 버리는 사람도 있고, "이 캐릭터를 육성하는 데 50시간이나 걸렸으니까 이제 와서 접을 수는 없지."라며 마지못해 현질을 하는 사람도 있을 것입니다.

지금까지 투자한 비용과 시간, 기울인 노력 중에 게임을 그만

　　　　　　　　　　　　　10대를 위한 공짜 경제학

둔다 해도 되돌려 받을 수 없는 것을 '매몰 비용(sunk cost)'이라고
합니다. 이 경우 게임에 투자한 50시간은 되돌려 받을 수 없기에
매몰 비용에 해당합니다. 사실 매몰 비용을 더 늘리지 않도록 게
임을 그만두는 편이 합리적입니다. 하지만 세상에는 현질을 하면
서까지 게임을 계속하는 사람도 많습니다. 이런 상황 역시 전망
이론이 낳는 보유 효과로 설명할 수 있습니다.

사람들은 어떤 것을 잃게 될 상황이라면 "절대 포기하지 않아.
계속 가지고 있을 거야."라는 심리를 가지기 쉽습니다. 50시간이
나 걸려서 육성했는데 그 시간이 수포로 돌아간다고 생각하니 그
만두고 싶지 않고, 50시간 동안 육성하다 보니 애착이 생겨서 놓
치고 싶지 않은 것입니다. 공짜로 얻은 물건이라도 한번 손에 넣
으면 웬만해서는 잃고 싶지 않은 것입니다. 과금 시스템은 우리의
이런 '인간다움'을 아주 능숙하게 이용하는 원리입니다.

◆ 과금 시스템 이면에 있는 앵커링이란?

과금 시스템에는 전망 이론이 낳는 보유 효과 외에도 다양
한 행동경제학 이론이 활용되고 있습니다. 그중 하나로 '앵커링
(anchoring, 정박 효과)'이 있습니다.

앵커링이란 처음에 제공된 정보에 영향을 받아 결과적으로 사
람들의 판단이 왜곡되는 현상을 가리키는 것으로 '지금 구매하면
이득'이라는 모델을 만들 때 흔히 사용합니다.

○ 앵커링은 최초 습득한 정보에 얽매여 새로운 정보를 수용하지 않거나, 이를 부분적으로만 받아들이는 행동 특성을 말한다.

예를 들어 여러분이 어떤 무료 앱 게임에서 가챠[38]를 활용해 무기 아이템을 계속 강화하고 있는 상황이라고 생각해 봅시다. 이 게임은 기본적으로는 무료로 즐길 수 있지만 일부 아이템은 비용을 결제해야 합니다. 어느 날 게임에 접속했더니 포인트 구매 시 2

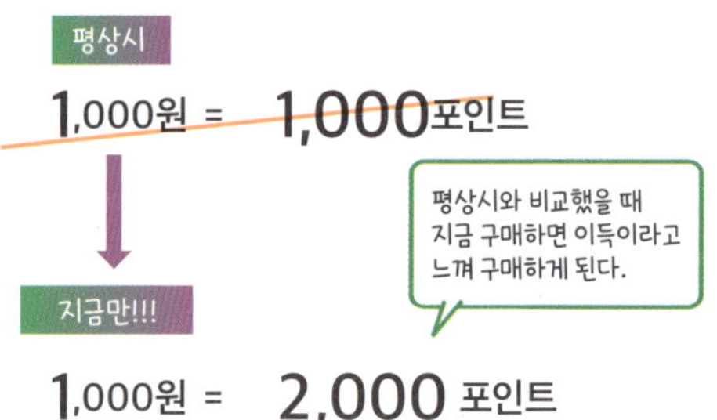

---

38 가챠: 레버를 조작할 때 찰칵하는 소리를 뜻하는 일본어로 게임 앱 내에서 아이템 등이 랜덤으로 나오는 뽑기 시스템을 일컫는다.

배로 충전되는 이벤트가 기간 한정으로 진행된다는 공지가 떴습니다. '기회다!'라고 생각하며 현질을 해서 원하는 무기를 손에 넣어야겠다는 생각이 들지 않나요? 아마 100명 중에 5명 정도는 현질을 할 것입니다. 유저들은 지금까지 공들여 무기를 계속 강화했고, 앞으로도 더 강화해야 한다고 생각합니다. 그런데 이벤트 동안에는 포인트를 2배로 받을 수 있으니 지금 무기를 만들어 두는 게 낫다며 현질을 합니다. 이것이 바로 앵커링을 활용한 과금 시스템의 원리입니다.

여러분은 학년이 올라가면서 용돈을 더 받거나 아르바이트를 해서 사용할 수 있는 돈이 더 많아질 것입니다. 그러면 기분이 고조되어 또는 홧김에 "1만 원 정도는 써도 돼."라며 고민하지 않고 현질하는 사람도 늘어날 것입니다. 이처럼 판단에 왜곡이 발생하는 주관적인 가치 때문에 쉽게 구매 버튼을 눌러 버리고, 계속해서 현질을 하게 됩니다.

◆ 무의식중에 선택해 버리는 '넛지'

2020년 코로나19 팬데믹 때 확산을 막기 위해 사회적 거리두기가 시행되었습니다. 하지만 어떻게 실천하면 좋을지 많은 어른이 고민에 빠졌습니다. 마트를 예로 들자면, 계산대에서 줄을 서서 기다릴 때 앞뒤에 있는 사람과 간격을 둘 수 있도록 바닥에 발자국 모양을 붙였습니다. 그렇게 해서 대기 줄에 있는 사람들이 자연스럽게 적절한 간격을 둘 수 있었습니다. 이처럼 원하는 선택지를 고르게 하는 원리를 행동경제학에서는 '넛지(nudge)[39]'라고 합니다.

넛지를 적용하면 제시하는 방법에 따라 응답 결과가 크게 달라진다는 점을 알 수 있습니다. 예를 들어 암 검진 관련 메시지에 관한 재미있는 조사 결과가 있습니다. 병원에서 메시지를 보낼 때 "올해 검사를 받으면 내년에도 검사를 받을 수 있습니다."와 "올해 검사를 받지 않으면 내년에는 검사를 받을 수 없습니다."라는 문구 중에서 어느 것이 더 효과가 있을지 실험해 보기 위해 두 가지 문구를 모두 보내 보았습니다.

두 메시지는 각각 전망 이론에서 말하는 이득과 손실에 해당합니다. 이를 응용해 본 결과, "내년에도 검사를 받을 수 있다."는 이득을 언급한 메시지를 받은 사람 중 22.7퍼센트가 당해 검사를 받았으며, "내년에는 검사를 받을 수 없다."는 손실을 언급한 메시지를 받은 사람 중 29.9퍼센트가 검사를 받았습니다. 다시 말해 암 검진 비율을 높이기 위한 넛지는 손실을 언급하는 메시지를 발신해야 합니다.

○ 노벨 경제학상 수상자 리처드 탈러와 법률가 캐스 선스타인의 공동저서 『넛지』 원서의 표지.

---

39 넛지: 원래는 '슬쩍 찌른다'는 뜻이지만 경제학적 의미로는 '부드러운 개입'을 뜻한다.

　　　　10대를 위한 공짜 경제학

그 밖에도 에스컬레이터가 아니라 계단을 이용하게 하는 넛지도 잘 알려져 있습니다. 계단과 에스컬레이터가 모두 있는 경우 흔히 에스컬레이터를 이용합니다. 사람들이 계단을 이용하게 하려면 어떻게 해야 할까요? 계단 1칸마다 "0.1kcal 소비" "0.2kcal 소비"처럼 표기함으로써 계단을 이용하면 에너지 소비량이 늘어난다는 점을 눈으로 확인할 수 있게 했습니다. 또는 계단을 피아노 건반으로 만들어서 1칸을 올라갈 때마다 멜로디가 연주되게 하는 방법도 효과적이었습니다. 어차피 올라갈 거면 계단으로 가면서 연주 좀 해 보자는 생각에 계단을 이용한 사람들이 66퍼센트나 증가했다고 합니다.

누군가에게 "이걸 하세요."라고 강요하거나 "이걸 하면 안 됩니다."라고 금지하는 것이 아니라, 개개인이 더 나은 선택을 하도록 뒤에서 힘을 발휘하는 것입니다. 이처럼 넛지는 흥미로울뿐더러 제법 심도 있는 시스템입니다. 본인이 마음에 들어 선택한 것이지만 객관적으로도 좋은 선택이기 때문에 행동과 태도를 변화시키기 쉽습니다.

다만 지금 과학적인 방법으로 증명된 넛지는 그다지 많지 않습니다. 넛지라는 표현 자체도 2008년에 서적들을 중심으로 확산되기 시작했기 때문에 한창 이론이나 응용 방법들이 만들어지고 있는 단계입니다. 게다가 애초에 행동경제학도 아직 발전 단계에 있는 학문이기 때문에 넛지가 실생활의 다양한 면에 적용되기까지는 시간이 걸릴 것입니다.

행동경제학을 활용해 사람들의 행동과 태도를 바꾸어 나가는 것이 넛지의 특징입니다. 그런데 사회에서는 왜 넛지가 필요할까요? 사람들은 결정을 내릴 때 '항상 자기 의사로 결정한다'고 생각하기 쉽지만, 사실 그렇지 않기 때문입니다.

주의 깊게 합리적으로 생각한 다음 판단을 내리는 것을 '느린 생각'이라고 합니다. 우리는 항상 느린 생각으로 선택과 결정을 하고 있다고 생각하는 경향이 있지만 실은 그렇지 않습니다. 무의식 속에 순간적인 분위기나 감각, 번뜩이는 아이디어로 '이렇게 하자'고 판단을 내리는 경우가 훨씬 많습니다.

예를 들어 여러분이 편의점에서 음료수를 살 때 콜라, 커피, 오렌지주스 등등이 있다면 무엇을 살 것인지 하나하나 비교하면서 신중하게 생각하고 고르나요? 대부분의 경우는 순간적으로 "이거 마실래."라며 집어 들 것입니다. 감정적이고 직감적인 판단을 '빠른 생각'이라고 하는데, 사람들은 대부분 빠른 생각으로 살아가고 있습니다.

바꾸어 말하면 사람들은 주관적인 가치로 선택하고 판단하는 경우가 많으며, 그렇게 내리는 판단에는 왜곡이나 편견과 같은 선입견이 생길 가능성도 높습니다. 그렇기 때문에 세상의 다양한 측면에서 객관적으로도 그렇고 본인에게도 더 나은 선택을 내릴 수 있게 만드는 넛지가 필요합니다.

덧붙여 설명하자면 앞서, 제시하는 방법에 따라 선택이 크게 달라질 수 있다는 이야기를 했는데, 사람들의 선입견을 이용해 선택지를 제시하는 방법을 크게 나누어 보면 다음 세 가지가 있습니다.

① **인센티브**: 인센티브는 의사 결정이나 행동을 변화시키는 요인을 가리킵니다. 바꾸어 말하면 어떤 선택을 하게 만드는 동기, 또는 그 선택을 하면 좋은 점이 인센티브에 해당합니다. 예를 들어 앞서 소개한 암 검진 비율을 높이는 메시지에 대해 생각해 봅시다. 선택을 하면 내년에도 검사를 받을 수 있을지 없을지 정해집니다. 이익과 손실 중 어느 쪽을 택하든 관계없는 상황에서 어떠한 인센티브를 제시해 사람들의 태도나 행동을 바꾸려고 하는 방법입니다.

② **디폴트**: 특별히 원하는 게 없는 이상, 사람들은 기본 옵션을 선택하는 경향이 있습니다. 그렇기 때문에 선택하기를 바라는 항목을 처음에 제시하거나, 기본 옵션 이외의 항목을 선택하는 경우에는 일부러 특정한 의사 표현을 하게 만드는 방법도 있습니다. 잘 알려진 이야기 중에 장기 기증에 동의하는 비율에 관한 흥미로운 데이터가 있어서 소개해 보겠습니다. 장기 기증에 동의하는 비율이 낮은 나라로는 네덜란드, 영국, 독일, 덴마크가 있습니다. 반면에 오스트리아, 헝가리, 프랑스, 포르투갈, 폴란드 등은 99퍼센트 이상이 장기 기증에 동의하는 경향을 보였습니다. 왜

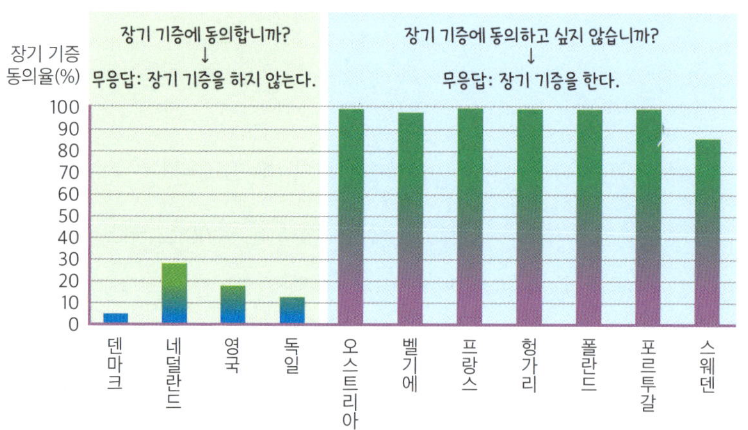

출처: 'Do Defaults Save Lives?' Eric J. Johnson and Daniel Goldstein

이 정도로 차이가 많이 나는 것일까요? 이유는 종교나 국민성 문제 등과는 전혀 관련이 없으며, 선택지를 '옵트인(opt-in)' 방식으로 제시했는지, '옵트아웃(opt-out)' 방식으로 제시했는지에 따라 달라진 것이었습니다. 옵트인 방식은 동의하고 싶은 경우에 의사 표시를 해야 하는 선택지를 제시하는 방법으로, 장기 기증에 동의하는 경우에는 "예"에 동그라미를 하거나 사인을 해야만 합니다.

다시 말해 자신의 의사를 표명하기 위해 기입하는 액션을 취해야 합니다. 그리고 아무것도 기입하지 않은 경우 장기 기증에 동의하지 않는다로 간주합니다. 한편 옵트아웃 방식은 동의하고 싶지 않은 경우에 의사 표시를 해야 합니다. 장기 기증에 동의하지 않을 경우는 "예" 항목에 동그라미를 하거나 사인을 해야 합

                    10대를 위한 공짜 경제학

니다. 그리고 표시를 하지 않은 경우에는 장기 기증에 동의한다로 간주합니다.

옵트인 방식이든 옵트아웃 방식이든 의사 표시를 해야 하는 것은 마찬가지입니다. 하지만 일부러 "예"에 동그라미를 하거나 서명을 하는 등 의사 표시하기가 귀찮기 때문에 아무것도 기입하지 않고 제출하는 사람이 매우 많습니다. 이러한 상황 역시 어떤 의미로는 매우 인간적이라고 할 수 있겠지요. 나라마다 동의하는 비율이 다른 것은 의사 표현을 하지 않고 기본 옵션 그대로 내버려 둔 결과로, 지극히 인간적인 이유입니다.

③ **피드백**: 선택한 결과가 어떻게 될 것인지 또는 어떻게 되었는지를 알려 준 다음, 효과를 실감하게 만드는 방식입니다. 거리 두기를 유지하기 위해 바닥에 발자국 마크를 부착하는 경우나, 피아노 소리를 도입한 계단이 이에 해당합니다. 이 방식을 선택하면 결과가 어떻게 되는지를 도입 전부터 뚜렷하게 떠올릴 수 있습니다.

◆ 손해를 보고 나서야 깨닫는 '슬러지'에 주의!

넛지와 함께 주목을 받은 용어로 '슬러지'가 있습니다. 이 단어는 2010년경부터 널리 사용되었습니다. 슬러지(sludge)는 '진흙, 진창'이라는 뜻이 있습니다. 단어의 의미를 보고 어느 정도 예상한 사람도 있을 것입니다. 넛지는 원하는 선택지를 선택하게 만드는 방법인 반면, 슬러지는 원하지 않는 선택지를 선택하게 만드는 방법입니다. 넛지를 악용하면 사용자들은 더 나은 선택지를 포기하게 되거나, 이를 깨달았을 때는 이미 손해를 입은 상황이 됩니다.

장학금을 예로 생각해 봅시다. 필요한 서류를 제출하면 장학금을 받을 수 있어 등록금 부담을 줄일 수 있는 제도가 있습니다. 이 제도 자체는 나쁠 것이 없습니다. 하지만 필요한 서류의 양이 너무 방대하고, 디지털이 아니라 아날로그로 모두 구비해야만 한다면 어떨까요? 수고롭기도 하고 시간도 엄청나게 많이 걸립니다. 부담을 느낀 나머지 장학금을 포기해 버리는 사람도 적지 않을 것입니다.

또는 디폴트를 활용해 슬러지를 하는 방법도 있습니다. 예를 들어 무료로 사용할 수 있는 앱에 "30일 이후 유료로 전환됩니다."라는 항목이 기본 설정으로 체크되어 있다고 가정해 봅시다. 게다가 앱을 사용한 지 25일이 지나면 보통은 "5일 후에 유료로 전환됩니다."라는 알림이 뜨지만, 알림도 없이 정해진 날짜가 되자 갑자기 유료 결제가 되었습니다. 이런 경우라면 앱을 만든 회사가 이기적으로 행동한 것입니다.

피드백을 활용하는 시스템이라면 불필요한 피드백이 슬러지에 해당합니다. 예를 들어 인터넷 사이트에서 상품을 보고 있을 때 "지금 몇 명이 이 상품을 장바구니에 담아 두었습니다. 남은 재고는 ○개뿐입니다."라는 팝업을 띄워 소비자들을 부추기거나 조급하게 만드는 방법입니다. 이러한 팝업은 사실인지 아닌지 확인할 수 없을뿐더러 소비자 입장에서는 그다지 반갑지 않습니다.

◆ 우리를 속이려 하는 슬러지 간파하기

무리하게 현질을 유도하거나 유료 서비스를 강제로 선택하게 만드는 행위는 국가가 법률로 규제하고 있습니다. 하지만 넛지를 교묘하게 악용해서 어쩌다 보니 현질을 하게 되거나, 깨닫지 못하는 사이에 유료 서비스를 결제하게 되는 슬러지는 앞으로도 점점 더 많아질 것입니다. 특히 사용자를 속여서 의도치 않았던 행동을 하도록 유도하는 악의적인 방법을 '다크패턴'이라고 하는데, 일본에서는 다크패턴이 2010년에 이미 큰 문제가 되었습니다. 디지털이 발달한 해외에서는 슬러지도 법률로 규제하는 나라들이 있습니다. 다른 나라들도 앞으로 그렇게 되겠지요.

덧붙여 말하자면 넛지와 슬러지를 구별하는 포인트는 의외로 간단합니다. 사용자인 여러분 각자가 "이건 사용자의 시점에서 본 것이군." "세심한 배려가 느껴지네." "기분이 좋다."처럼 호의적인 생각이 든다면 넛지입니다. 한편 "이건 기업의 시점에서 본 거잖아." "이해가 잘 안 되네." "납득할 수 없어."라고 한다면 슬러지라고 할 수 있습니다.

한편 넛지를 적용한 일부 과금 모델 중 프리미엄이나 특가 모델은 어느 정도로 사용되고 있을까요? 넛지는 슬러지로 변질되기 쉽기 때문에 실제 사례가 많지 않습니다. 다만 게임과 넛지의 궁합이 아주 좋다는 점은 잘 알려져 있습니다.

예를 들어 '포켓몬 GO'는 현실 세계를 무대로 한 게임이기 때문에 '외출'을 전제로 합니다. 그러면 집 주변을 걷는 것뿐만 아니라 조금 먼 거리도 이동해야 합니다. 다시 말해서 평소와는 다른 장소에 가 보는 것은 인센티브가 되기도 하고, 자발적으로 운동을 하는 동기부여가 된다는 의미로 피드백도 되는 넛지라고 할 수 있습니다.

그리고 이 책에서 여러 차례 언급한 웹툰 앱은 흔하지 않은 넛지를 적용한 프리미엄의 예시입니다. 웹툰 앱에서 제공하는 작품 중 다수는 무료로 읽을 수 있습니다. 이것이 인센티브인데, 더 많은 사람이 한번 읽어 보고 싶다고 생각한 만화를 즐길 수 있기 때문입니다. 게다가 앱을 이용하는 사람이 많아질수록 만화와 앱의 인기도 상승합니다. 결과적으로는 미리보기나 완결작품 보기 등 유료 서비스를 결제하는 사용자도 증가하기 때문에 기업 입장에서도 바람직한 선택지가 됩니다.

넛지라는 표현이 널리 퍼지기 시작한 지 15년 정도가 지났습니다. 앞으로는 넛지를 사용한 프리미엄 모델이나 특가 모델이 더 많이 등장할 것입니다. 물론 기업 관점만 가지고는 슬러지가 되기 쉽기 때문에 "사용자들은 무엇을 더 선호할 것인가?"라는 시선을 가져야 합니다.

          10대를 위한 공짜 경제학

◆ 쓸모 있는 것과 의미 있는 것

지금까지 "왜 무료로 제공하는 앱이 있나요?"라는 주제로 미시경제학[40]과 마케팅, 행동경제학을 통해 세상을 구성하는 원리에 대해 이야기해 보았습니다. 이를 통해 어른들이 어떤 관점과 이론을 바탕으로 청소년 여러분의 의사결정에 개입하는지 확인할 수 있었을 것입니다. 이 내용을 알게 된 것만으로도 여러분은 앞으로 나쁜 어른들의 먹잇감이나 호구가 되지 않을 것입니다. 무엇보다 세상을 바라보는 관점이 많이 바뀌었을 것입니다.

그렇다면 여러분에게 마지막 질문을 드리겠습니다. 세상에는 '쓸모 있는 것'과 '의미 있는 것' 중 어느 쪽이 더 많을까요? 이 책에서 주관적인 가치와 객관적인 가치에 대해서 종종 다루었기 때문에 바로 답이 떠오른 사람도 있을 것입니다. 세상 트렌드는 상대적으로 보면 주관적인 가치를 더 중요시하는 경향이 있습니다. 그래서 제품이나 서비스는 주관적인 가치에 비중을 두는 사람들에게 맞춰 계속 변화하고 있습니다.

예를 들어 2020년 전 세계 영화 흥행 1위를 기록한 애니메이션 영화 '극장판 귀멸의 칼날: 무한열차편'은 일본 내에서만 394억 엔(약 3,768억 원)을 넘는 흥행 수익을 올렸습니다. 이 시점에 이미 일본 역대 흥행 수익 순위 1위였던 '센과 치히로의 행방불명'

---

40 미시경제학: 시장에서 개인이나 기업의 행동, 의사결정이 어떻게 이루어지는지를 생각하는 학문. 경제학 중 하나.

'귀멸의 칼날'은 한국에서도 200만 명 이상의 관객을 동원하며 큰 흥행을 거뒀다.

의 308억 엔을 넘겼습니다. 다만 대기록을 세울 수 있는 400억 엔까지는 약 6억 엔이 모자랐습니다. 그래서 인터넷에 "렌고쿠[41]를 400억 엔의 주인공으로 만들고 싶어요! 그러니까 한 번 더 영화를 관람하러 갑시다!"라는 팬들의 목소리가 가득했습니다.

냉정하게 말하면 '귀멸의 칼날'이 대기록을 세운다고 해서 팬들에게 어떤 도움이 되는 것은 아닙니다. 하지만 영화를 여러 번 봐서 렌고쿠를 400억 엔의 주인공으로 만드는 것이 자신에게 의미가 있다고 생각하는 사람도 있습니다. 그렇기 때문에 막대한 금액이 움직이게 되었습니다. 상품이나 서비스의 가치는 '쓸모가 있다'와 '의미가 있다'는 두 가지 관점으로 나뉩니다. 그런데 지금 시대, 시판되는 상품은 대부분 '쓸모가 있다'는 조건을 충족합니다. 바꾸어 말하면 훌륭한 상품이나 서비스가 '쓸모가 있다'는 기능만 가지고는 차별화할 수 없게 된 것입니다. 그러한 의미에서 앞으로는 '누군가에게 의미가 있는가'가 중요하

---

41 렌고쿠: 만화 '귀멸의 칼날' 등장인물로 본명 렌고쿠 쿄쥬로. '극장판 귀멸의 칼날 무한 열차편'에 등장한다.

10대를 위한 공짜 경제학

게 여겨질 것입니다. 지금 세계는 '의미가 있다'는 가치가 더욱 중요해지고 있습니다.

◆ 학교 공부가 인생에 도움이 되는 이유

'의미가 있는지 없는지'는 '좋아하는지 싫어하는지'로도 바꾸어 말할 수 있습니다. 지금 시대의 흐름은 '의미가 있다' 쪽으로 기울어지고 있습니다. 요즘은 주변에서 아무리 싫어해도 "나는 이게 좋아. 나에게는 의미가 있어."라는 목소리를 낼 수 있게 되었습니다. 예를 들어 '덕질'이나 '최애' 같은 표현이 널리 사용된 것도 의외로 최근의 일입니다.

이런 상황이 된 이유는 일반적인 관점에서 보면 미묘하지만 내가 좋으면 그걸로 됐다는 가치관을 사회가 받아들이기 시작했기 때문이라고도 할 수 있습니다. 불과 10여 년 전까지만 해도 사회 인식이 "그건 좀 이상한 거 아닌가?"라고 하면 좋든 싫든 자신의 취향을 공공연하게 드러내지 못했습니다. 하지만 지금은 '나'라는 작은 주어의 주관적인 가치가 높이 받아들여지는 시대입니다. 이러한 세상에서 비즈니스를 하거나 사회인으로 활약하는 어른이 되기 위해서는 머릿속에 있는 생각이나 이미지를 가시화할 수 있는 힘이 필요합니다. 만약 자신의 머릿속에 있는 생각이나 이미지를 가시화할 수 있다면 누군가에게 의미가 있는 것을 눈에 보이는 형태로 드러내거나 실현할 수 있는 가능성이 높아지기 때문입니다.

필자는 자신의 머릿속에 있는 생각이나 이미지를 가시화하는 힘을 '디자인하는 힘'이라고 부릅니다. 디자인이라는 말을 들으면 그림이나 도면을 그리는 것을 떠올리기 쉽지만, 그뿐만이 아닙니다. 디자인은 목적을 달성하기 위해 계획을 세우는 것을 의미합니다. 단지 일러스트만이 아니라, 문장과 같은 언어로 전달하고 싶은 것을 표현하는 것도 디자인하는 힘 중 하나입니다. 디자인하는 힘을 배양하기 위해서는 다양한 분야를 배워야 합니다.

이 책에서 접한 미시경제학, 마케팅, 행동경제학도 그렇지만 여러분에게 가장 가까운 지식으로는 학교에서 일상적으로 배우는 내용이 있습니다. 학교 공부도 언젠가는 분명 활용할 수 있는 날이 올 것입니다. "왜 학교 공부가 디자인하는 힘과 관련이 있는 거지?"라고 의문을 제기하는 학생도 있을지 모르겠습니다. 사실 다양한 학문을 뿌리 깊이 살펴보면 어딘가 연계되어 있습니다. 예를 들어 수학과 음악을 생각해 봅시다. 음표나 쉼표는 수학으로 나타낼 수 있으며, 악보는 수학적인 요소로 구성되어 있습니다. 여러 가지 설이 있긴 하지만 현대 음계를 만든 사람은 '피타고라스 정리[42]'로 유명한 피타고라스라는 말이 있습니다. 피타고라스는 수학자이자 철학자이기도 했습니다.

지금 여러분은 학교에서 국어 시간에 국어, 수학 시간에 수학, 역사 시간에 역사 등등 각 과목을 배울 것입니다. 하지만 사실 학문은 깊이 파고들면 서로 연결되어 있기 때문에, 흥미가 있는 과목을 기본으로 해서 수평 전개해 나가며 배울 수도 있습니다. 앞으로 여러분은 고등학교와 대학에 진학하거나, 학교를 졸업하고 바로 사회인이 될 수도 있을 것입니다. 해외로 유학을 가거나 사업을 시작하는 사람도 있겠지요. 프리랜서[43]나 유튜버가 되는 사람도 있을 것이라 생각합니다. 여러분이 어떤 인생을 살든 간에 어떤 것을 이루어 내거나, 어떤 사람이 되기 위해서는 반드시 다양한 분야의 지식을 배우고 디자인하는 힘을 길러야 합니다. 그런 의미에서 지금 학교에서 배우는 모든 과목이 쓸모 있다는 점을 기억해 주셨으면 좋겠습니다.

◆ 열정을 위해 계속 배우는 것이 중요하다

'공부'라고 하면 갑자기 흥미가 사라지거나 괜히 싫은 생각이 드는 사람도 있을 것입니다. 하지만 이렇게 한번 생각해 봅시다. 지금 여러분이 학교에서 하는 공부는 최종 목적지가 아닙니다. 공부는 어디까지나 무언가를 해내고 어떤 사람이 되기 위한 수단입니다. 하지만 지금은 아직 무엇을 하고 싶은지, 어떤 사람이 되고 싶은지 모르기 때문에 모든 분야를 배우는 것입니다. 배움을 통해서 이해와 생각의 폭을 넓혀 무엇인가를 이루거나, 목표로 하

---

42 피타고라스의 정리: 중학교 수학 교육과정에서 배우는 정리. 직각삼각형의 세 변의 길이 간에 성립하는 관계를 나타낸다.

43 프리랜서: 회사 등에 소속되지 않고 개인으로 일을 하는 사람.

는 사람이 될 수 있습니다. 그렇기 때문에 학습을 하는 것입니다.

예를 들어 이 책을 읽고 마케터라는 직업에 관심을 가지게 되는 학생도 있겠지요. 마케팅은 마케터라는 직업을 가진 사람들뿐만 아니라, 어떤 것을 해내고 싶은 강한 열정을 가진 사람이라면 반드시 보유해야 할 기술입니다. 마케팅은 모든 분야에서 필요합니다. 그러므로 마케터가 되고 싶은지의 여부는 차치하고서라도 지금 학교에서 배우고 있는 과목에 더불어 마케팅에 대해서도 계속 배우기 바랍니다.

눈으로만 읽는 데 그치지 말고 직접 손을 움직여 실행해 보기 바랍니다. 계속 그렇게 한다면 해낼 수 있는 일도 분명 많아질 것입니다. 해낼 수 있는 일이 늘어나면 언젠가는 자신이 목표로 하는 사람이 되어 있을 것입니다. 그런 의미에서 중요한 것은 배움 그 자체보다도 '뭔가를 해내자' '어떤 사람이 되자'는 열정을 가지는 것입니다. 그런 열정을 위해서 누구나 나이에 관계없이 계속 배워 나가야 합니다.

    10대를 위한 공짜 경제학

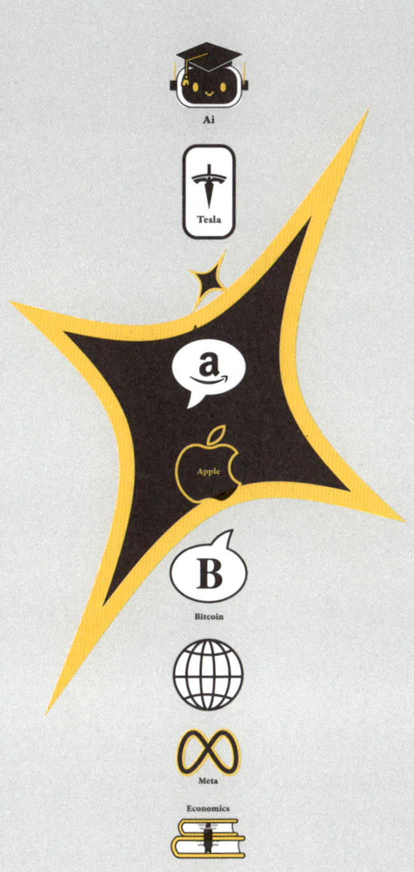

Ai
Tesla
Apple
Bitcoin
Meta
Economics

끊임없는 열정을 가져라

마지막으로 가장 중요한 점을 이야기하고 싶습니다. 여러분이 가족이나 친구, 주변 사람들을 호구로 삼거나 착취해서는 안 된다는 점입니다.

세상의 원리를 이해했다고 하더라도 절대 악용해서는 안 됩니다. 시대를 막론하고 원리를 이용해 나쁜 일을 저지르는 사람은 반드시 있습니다. 따라서 이 세상이 얼핏 약육강식 세계처럼 보일지도 모릅니다. 그렇다고 해서 원리를 아는 사람들이 원리를 모르는 사람들을 착취해도 된다는 뜻은 아닙니다.

'지식'은 무엇을 위해 존재하는 것일까요? 자신과 소중한 사람을 지키기 위해서입니다. 그 때문에 우리는 몇 년씩 학교를 다니면서 공부합니다. 세상의 원리를 아는 것도 지식 중 하나이며, 우리를 지키기 위한 무기가 됩니다. 그런 엄청난 힘을 다른 사람들에게서 무엇인가를 빼앗는 데 사용하면 악한 사람이 되고 맙니다. 정말이지 '뽀대 안 나는 일'이지요. 멋없는 행동은 하지 말아야 합니다.

이 책을 계기로 세상에 대해 더 알고 싶고, 궁금한 점이 너무 많다고 생각하는 사람이 있을 것입니다. 아주 긍정적인 일입니다. 지식을 더 많이 축적해 주셨으면 좋겠습니다. 그리고 행동으로 옮겨 보도록 합시다.

필자는 대학 시절 은사님으로부터 "계속 배우는 열정을 가져라."라고 배웠습니다. 꽃은 언제 시들지 모릅니다. 내일 시들어 버릴 수도 있습니다. 하지만 포기하지 않고 시들지 않게끔 물을 주고 영양을 계속 공급해 줘야 합니다. 어떤 일이 허사로 돌아가지 않도록 계속 실행하려는 마음을 '열정'이 지탱해 줍니다. 시험공부를 할 때나 취직 준비를 할 때, 더 나아가 만반의 준비를 하고 맞이할 승진 경쟁에서도 열정은 여러분의 마음을 지탱하고 지켜 줍니다. 좌절할 것 같을 때도 결코 열정이 사그라지게 해서는 안 됩니다.

이 책은 2022년 5월에 가와데쇼보우신샤(河出書房新社)에서 중학생들이 세상의 원리에 대해 배울 수 있는 책을 집필해 달라는 의뢰를 받아 탄생했습니다. 그리고 약 1년 반 동안 다양한 사람의 힘을 빌려 책을 완성할 수 있었습니다. 도중에 몇 번이나 마음이 꺾일 뻔했지만, "중학생 때 나는 이런 점이 궁금했어!" "중학생 무렵의 나에게 읽어 보라고 하고 싶은 책을 만들고 싶어."라는 열정이 있었기 때문에 포기하지 않고 계속 책을 쓸 수 있었습니다.

이 책이 독자 여러분에게 끊임없는 열정을 가질 수 있게 하는 한 권이 되었으면 좋겠습니다. 마지막까지 읽어 주셔서 감사합니다.

10대를 위한 공짜 경제학

초판 1쇄 발행 2025년 4월 10일

지은이	마츠모토 겐타로
옮긴이	김지예
편집	이용혁
디자인	이재호
펴낸이	이경민
펴낸곳	㈜동아엠앤비
출판등록	2014년 3월 28일(제25100-2014-000025호)
주소	(03972) 서울특별시 마포구 월드컵북로22길 21, 2층
홈페이지	www.dongamnb.com
블로그	https://blog.naver.com/damnb0401
전화	(편집) 02-392-6901 (마케팅) 02-392-6900
팩스	02-392-6902
SNS	
전자우편	damnb0401@naver.com
ISBN	979-11-6363-952-7 43320